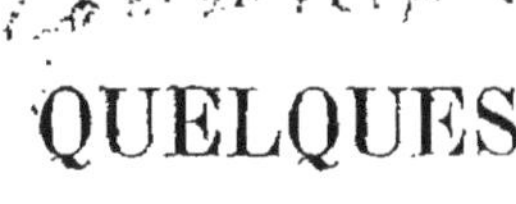

QUELQUES

QUESTIONS ALGÉRIENNES

ÉTUDES

JUDICIAIRES, ADMINISTRATIVES, ÉCONOMIQUES

ET

SOCIALES

PAR

MAURICE COLIN

Professeur agrégé des Facultés de Droit
Professeur de droit administratif et constitutionnel
à l'Ecole de Droit d'Alger

PARIS
LIBRAIRIE DE LA SOCIÉTÉ DU RECUEIL GÉNÉRAL DES LOIS ET DES ARRÊTS
(FONDÉ PAR J.-B. SIREY) ET DU JOURNAL DU PALAIS
Ancienne Maison L. LAROSE et FORCEL
22, rue Soufflot, 22
L. LAROSE, Directeur de la Librairie
1899

QUELQUES QUESTIONS ALGÉRIENNES

QUELQUES

QUESTIONS ALGÉRIENNES

ÉTUDES

JUDICIAIRES, ADMINISTRATIVES, ÉCONOMIQUES

ET

SOCIALES

PAR

MAURICE COLIN

Professeur agrégé des Facultés de Droit
Professeur de droit administratif et constitutionnel
à l'Ecole de Droit d'Alger

PARIS

LIBRAIRIE DE LA SOCIÉTÉ DU RECUEIL GÉNÉRAL DES LOIS ET DES ARRÊTS

(FONDÉ PAR J.-B. SIREY) ET DU JOURNAL DU PALAIS

Ancienne Maison L. LAROSE et FORCEL

22, rue Soufflot, 22

L. LAROSE, Directeur de la Librairie

1899

A M. JULES CAMBON

GOUVERNEUR GÉNÉRAL HONORAIRE DE L'ALGÉRIE
AMBASSADEUR DE FRANCE

Hommage de haute estime
et de respectueuse sympathie

La Réforme

DES

Offices Ministériels Algériens

I

Je crois savoir que le gouvernement se proposerait d'appeler bientôt le Sénat à discuter un projet de réforme des offices ministériels algériens (1). C'est là une question qui touche à trop d'intérêts pour ne la point signaler à l'opinion publique. Aussi me semble-t-il nécessaire de l'exposer avec les développements indispensables qu'elle comporte.

En Algérie, la situation des officiers ministériels se caractérise par une série de privilèges, dont leurs confrères de la métropole pourraient à bon droit se montrer

(1) Ce projet a été effectivement porté devant le Sénat. Le 6 novembre 1894, il y a été l'objet d'une discussion qui s'est terminée par l'ordre du jour suivant : « Le Sénat, prenant acte des conclusions de la Commission, des déclarations du gouvernement, des débats, approuvant le principe d'une réforme à la situation actuelle des officiers ministériels en Algérie, renvoie au gouvernement l'examen de cette question ». Jusqu'ici, le gouvernement ne paraît pas s'être préoccupé de donner satisfaction au vœu du Sénat.

jaloux. Je ne songe certes point à nier que ces privilèges n'aient eu leur raison d'être, alors qu'il s'agissait d'attirer sur la terre algérienne des candidats à des fonctions dont l'exercice, parfois dangereux, était souvent peu lucratif. Mais, aujourd'hui, il est permis d'affirmer qu'une réforme s'impose qui enlève à ces privilèges ce qu'ils ont d'excessif, alors que rien ne subsiste plus des raisons qui les ont fait établir, alors surtout que la crise agricole dont souffre actuellement l'Algérie oblige à chercher les ressources nécessaires à ses dépenses partout ailleurs que dans des impôts frappant la terre ou ses produits. Ce dernier point de vue n'est pas sans importance à un moment où la métropole semble de moins en moins disposée à subvenir elle-même aux dépenses de sa colonie. Aussi ce serait faire une injure gratuite aux officiers ministériels algériens que de les croire nettement hostiles à toute réforme les appelant à subir dans l'intérêt public une équitable réduction du produit de leurs charges. En faisant cette étude mon but n'est pas autre que de rechercher la solution la plus propre à concilier les intérêts opposés qu'une semblable réforme met en présence.

En Algérie, les officiers ministériels tiennent leurs charges de la munificence gouvernementale. Sauf à remplir certaines conditions d'aptitude, d'ailleurs facilement accessibles, ils sont nommés par le garde des sceaux sur une liste de présentation dressée par les chefs de la Cour d'Alger (1). Une fois nommés, ils ont, il est vrai,

(1) Depuis le décret du 31 décembre 1896, le gouverneur général est appelé à donner son avis sur les nominations. Le décret du 23 août 1898, qui a remplacé le décret du 31 décembre 1896, a maintenu cette prérogative au profit du gouverneur général.

un cautionnement à fournir. Mais c'est là une obligation bien légère, puisque le cautionnement le plus élevé, en Algérie, ne dépasse pas 6.000 fr., chiffre bien inférieur aux cautionnements exigés des officiers ministériels de la métropole. Moyennant ces conditions, les candidats heureux sont admis à jouir d'une situation dont on chercherait vainement l'équivalent en France. A Alger, une étude de notaire rapporte de 35.000 à 70.000 francs, plus parfois que le traitement d'un ministre ; une étude d'huissier assure à son titulaire de 20.000 à 25.000 fr., plus que les émoluments d'un premier président. Sans doute, ce sont là les postes les plus enviés, ceux auxquels on ne peut guère arriver qu'après des stages successifs dans des postes moins avantageux. Mais, dans les villes de second ordre, à Blidah par exemple, les notaires arrivent à des états de produits dépassant 30.000 francs ; quant aux huissiers, le total de leurs émoluments s'y élève à plus de 15.000 francs.

Ces chiffres ne sont pas suspects. Ce sont les intéressés eux-mêmes qui les ont fournis. Usant d'un droit incontestable, le procureur général près la Cour d'Alger a cru devoir, il y a quelques années, adresser à tous les officiers ministériels de son ressort un questionnaire qui lui a permis d'établir les produits de chaque charge. C'est à cette statistique que j'emprunte les chiffres ci-dessus. Qu'on le remarque, du reste, ces chiffres n'indiquent qu'un minimum. Ils sont extraits des répertoires que chaque officier ministériel est obligé de tenir au jour le jour, et sur lesquels figure le détail du coût de chaque acte de son ministère ayant subi la formalité de l'enregistrement. Mais à ces bénéfices s'ajoutent d'autres profits, d'ailleurs très légitimes, qui ne peuvent trouver leur place dans les statistiques officielles. Je veux parler des émoluments, parfois considérables, que procurent aux officiers ministériels les nombreuses affaires que la confiance de leurs clients les appelle à régler, en dehors des cas où leur ministère s'impose. On ne saurait donc accepter que comme un minimum les indications de la statistique dressée par les soins du procureur général d'Alger.

En présence de constatations semblables, n'est-on pas fondé à croire que le système qui préside actuellement à la nomination des officiers ministériels algériens leur assure, sans raison suffisante, des bénéfices exagérés ? Certes, si des avantages sérieux venaient effacer ou même atténuer la portée de ce grief, on pourrait aisément l'oublier. Mais, plus on examine le système actuel, plus on se convainc qu'aucun avantage appréciable n'en compense les inconvénients. Quand on sait les convoitises qui s'agitent en France autour de la plus modeste des fonctions, on ne peut s'étonner des ambitions que suscitent les riches dotations dont j'ai parlé. Avant tout, il faut mettre en jeu des influences, s'assurer des protecteurs. Ceux-ci sont désignés d'avance. Sénateurs et députés sont assaillis de demandes. Faut-il leur faire un crime de se préoccuper avant tout du dévouement électoral qu'il s'agit de récompenser ou dont il faut s'assurer le gage ? D'autre part, peut-on raisonnablement reprocher aux canditats de s'inféoder aux protecteurs dont ils croient l'influence prépondérante ? Je n'insiste pas. Le système seul mérite toutes les critiques.

Après cela, faut-il ajouter que, dans le système actuel,

les garanties du client sont à peu près illusoires ? Révocable *ad nutum*, l'officier ministériel algérien n'a aucun droit sur son office. Or, comme garantie des faits de charge, qu'est-ce qu'un cautionnement de quelques milliers de francs, s'il ne s'augmente pas, comme en France, du prix de vente de l'office? Enfin, le plus souvent, l'officier ministériel algérien n'est-il pas, en quelque sorte, dans la situation du fermier qui, faute d'un bail suffisant, vise, avant tout, un enrichissement rapide, sans se soucier, d'ailleurs, d'épuiser le fonds qu'il exploite ?

Les inconvénients que je viens d'indiquer ne pourraient, il est vrai, survivre à l'introduction en Algérie du régime adopté dans la métropole : je veux parler du régime de la loi du 28 avril 1816. L'article 91 de cette loi concède aux officiers ministériels la faculté « de présenter à l'agrément de Sa Majesté des successeurs, pourvu qu'ils réunissent les qualités exigées par les lois ». Nous savons l'interprétation que la pratique et même des lois subséquentes (1) ont donnée à cette disposition. Il est bien certain qu'aujourd'hui l'office ministériel constitue en France, au profit de son titulaire, une véritable propriété qu'on peut presque considérer comme de libre disposition, tant sont facilement accessibles les conditions auxquelles la loi en subordonne l'aliénation.

Si on ne devait tenir compte que du vœu des intéressés, c'est assurément là le système qu'il faudrait introduire, en Algérie, en remplacement du système aujourd'hui en vigueur. On ne peut, d'ailleurs, mettre en doute les quelques avantages que ce système présenterait sur

(1) Voyez notamment l'article 34 de la loi de finances du 21 avril 1832, et, plus encore, les articles 6 et 14 de la loi du 25 juin 1841.

l'organisation actuelle. Ce serait d'abord d'assurer, dans une très large mesure, l'indépendance de l'officier ministériel, indépendance qui, actuellement, n'existe guère que pour celui qui limite son ambition au poste qu'il occupe. Ce serait ensuite de lui donner à l'exercice de sa profession tout l'intérêt que peut avoir un père de famille à la bonne gestion de son patrimoine. Propriétaire de sa charge, il serait nécessairement porté à en augmenter l'importance et, partant, la valeur par la diligence et les soins qu'il apporterait aux affaires de ses clients. En outre, ceux-ci auraient toujours, comme garantie, la valeur de l'office. Ce sont là, sans doute, de très réels avantages.

Mais, par ailleurs, le régime de la vénalité des charges soulève des critiques trop justes, trop méritées, pour qu'on puisse songer à l'étendre à l'Algérie.

Et d'abord, avec le système de la loi du 28 avril 1816, le choix du personnel échappe complètement à la surveillance et au contrôle de l'autorité. Dès qu'un postulant peut payer sa charge, il n'a guère à craindre le refus de l'investiture gouvernementale. Or, ne peut-on légitimement redouter qu'on en arrive ainsi à la concentration rapide entre les mains des israëlites indigènes de la plupart des offices ministériels de l'Algérie ? Certes, je me défends de toute tendance antisémitique. Mais il est indéniable que, sauf d'heureuses exceptions, le sens moral des israëlites indigènes est encore d'un niveau sensiblement inférieur et ne paraît guère destiné à s'améliorer rapidement. N'est-ce pas une raison décisive pour écarter un système qui leur faciliterait singulièrement l'accès de fonctions exigeant une honnêteté, des traditions et des scrupules qu'ils ignorent bien souvent ?

A cette objection d'ordre purement local sans doute, mais dont on doit évidemment tenir grand compte puisqu'il s'agit d'une réforme locale, viennent s'ajouter bien des critiques d'ordre général contre le régime de la vénalité des charges.

De toutes ces critiques, la plus grave est l'obstacle qu'un semblable régime apporte aux réformes que peuvent nécessiter et l'organisation judiciaire et la procédure. Veut-on supprimer un tribunal inutile ? On hésite devant le rachat des charges que cette suppression impose. Propose-t-on de substituer la poste à la coûteuse intervention des huissiers ? On se heurte à la résistance de corporations puissantes qui crient à la spoliation. S'agit-il d'augmenter la compétence des juges de paix ? Les avoués sont là pour protester contre l'atteinte qu'on porte ainsi à la valeur de leurs charges. Dans ces conditions, comment admettre que l'extension aux offices ministériels algériens de l'état de choses existant en France puisse être considérée comme un progrès désirable ? Sans doute, l'assimilation de nos départements algériens à nos départements français peut être, en principe, envisagée comme un but vers lequel on doit tendre. Mais c'est à la condition qu'elle ne consiste point à apporter dans la colonie les institutions dont, dans la métropole, on s'accorde à reconnaître les vices.

Enfin, n'est-ce pas une pure illusion que de croire aux avantages pécuniaires que le Trésor trouverait dans l'établissement de la vénalité des charges en Algérie ? Sans doute, cette réforme entraînerait l'élévation du chiffre des cautionnements. Sans doute aussi, elle emporterait l'application des droits de mutation perçus en France sur le prix de transmission des charges. Mais, pour que ce soient là des avantages dont on puisse tenir compte, il faudrait en outre que le Trésor reçût des intéressés une somme équivalente à celle qu'il leur devrait verser en cas de rachat des charges. Or, peut-on sérieusement croire qu'il en serait ainsi? A un degré moindre peut-être, mais assurément, on verrait se reproduire ce qui s'est passé en France, lors de la loi du 28 avril 1816. Comment oublier, en effet, que c'est pour une somme de 33 millions — dont il paye d'ailleurs les intérêts (1) — que l'Etat s'est dessaisi d'une prérogative dans laquelle il ne pourrait rentrer aujourd'hui sans payer aux intéressés une indemnité que les évaluations les plus modérées fixent à plus de 1.200 millions ?

Mais, si ce n'est point dans l'extension à l'Algérie du régime de la vénalité des charges qu'on doit chercher la réforme à établir, à quel système s'attacher ?

Telle est la question à l'examen de laquelle je dois maintenant procéder.

II

En dehors de l'établissement du régime de la vénalité des charges, deux systèmes ont été proposés pour

(1) C'est en effet, en échange d'une simple augmentation de 33 millions dans le chiffre de leurs cautionnements qu'a été concédé aux officiers ministériels français le régime de la loi du 28 avril 1816. Les droits de mutation perçus sur le prix de transmission des charges ne sont venus que plus tard.

réaliser la réforme que paraît nécessiter la situation actuelle des officiers ministériels algériens.

Le premier est dû à l'initiative de M. Etienne Flandin. Il a été développé par lui dans un remarquable rapport que, dès 1891, il adressait au garde des sceaux, comme procureur général près la Cour d'Alger. Le second a été adopté par la commission sénatoriale de l'Algérie, sur le rapport de M. le sénateur Dupuy. Sans faire de ces deux systèmes un examen détaillé et approfondi, je me contenterai de les esquisser dans leurs lignes générales, assez pour permettre d'apprécier leurs avantages respectifs, en même temps que les principales objections que leur application pourrait soulever.

Partant de cette idée que rien ne justifie plus la situation privilégiée que le système actuellement en vigueur assure aux officiers ministériels algériens, le projet de M. Flandin lui substitue un système mixte. Ce n'est plus dans son intérêt exclusif que l'officier ministériel continue à percevoir les honoraires et les émoluments auxquels les tarifs lui donnent droit. L'Etat lui assure un traitement fixe, proportionné à l'importance de sa résidence. Il lui abandonne, en outre, les 2/5 des produits de la charge, et il prend pour lui le surplus.

Le fonctionnement pratique de ce système est assuré par une série de règles d'ailleurs assez simples. On crée ou on complète les tarifs fixant la rémunération des officiers ministériels. Ceux-ci sont astreints à tenir, sur un registre coté et paraphé, un répertoire de tous les actes de leur ministère, avec mention des sommes perçues à titre d'honoraires et avec référence aux articles du tarif qui y donnent droit. Pour toute somme perçue par lui, l'officier ministériel est tenu de délivrer à son client un reçu détaché d'un registre à souche et indiquant à la fois et la somme perçue et les articles du tarif dont il a été fait application. Quant à la quotité revenant à l'Etat, elle doit être acquittée au moment de l'enregistrement de l'acte, s'il s'agit d'un acte soumis à cette formalité. Pour les actes non enregistrés, elle est payée chaque mois, après présentation du registre répertoire, dont il a été question, au fonctionnaire compétent, et celui-ci peut facilement, à l'aide des mentions du registre, établir le décompte des sommes dues au Trésor. Des peines disciplinaires et des amendes sanctionnent rigoureusement l'exacte observation dé toutes les règles prescrites.

Voilà, dans ses grandes lignes, le projet dont, dès 1891, M. Flandin prenait l'initiative et qu'il exposait devant le Conseil supérieur de l'Algérie, dans la séance du 28 janvier 1892.

Qu'il me suffise d'en retenir l'idée essentielle : les officiers ministériels sont transformés en agents de l'Etat, gérant des charges sur lesquelles celui-ci ne leur concède aucun droit et touchant un traitement fixe, augmenté de remises proportionnelles. Ce n'est point seulement parce que cette idée constitue l'originalité du système, c'est aussi et surtout parce qu'on a prétendu que, pour faire condamner le système auquel elle sert de base, il y avait seulement à lui rattacher les conséquences qu'elle entraîne. Transformer les officiers ministériels en fonctionnaires, c'est, par cela même, dit-on, soumettre l'Etat à la responsabilité de tous leurs faits de charge. C'est, en outre, ajoute-t-on, tarir la source du zèle que les officiers ministériels apportent à l'exercice de leur profession. Les études seraient vite envahies par le doux *farniente* de certaines grandes administrations. Tout client serait désormais un fâcheux qu'on renverrait aux confrères.

De ces deux objections, il en est une qu'on doit écarter par une fin de non recevoir d'autant plus absolue qu'on la présente comme plus redoutable : je veux parler de la responsabilité qu'entraîneraient pour l'Etat les faits de charge de ses nouveaux fonctionnaires. J'avoue, en effet, ne point saisir la corrélation nécessaire qui existerait entre le fait par l'Etat de payer un traitement aux officiers ministériels et l'obligation pour lui de répondre de fautes que ceux-ci viendraient à commettre dans l'exercice de leur profession. Actuellement, les greffiers touchent un traitement de l'Etat. A-t-on jamais prétendu qu'à raison de ce fait, l'Etat devait être responsable de leurs fautes professionnelles? Nombre d'agents de l'administration des finances reçoivent également un traitement de l'Etat, sans qu'il ait jamais été question de voir, dans ce fait, le principe d'une responsabilité à la charge du Trésor.

La deuxième objection est plus sérieuse. Elle est loin cependant d'avoir la portée qu'on lui prête. Sans doute, de tous les mobiles humains, l'intérêt est le plus puissant, le plus irrésistible. Le bannir de la gestion des offices ministériels exposerait peut-être à de graves mécomptes. Mais c'est gratuitement qu'on prête ce résultat à la réforme dont je viens d'indiquer les lignes générales. Si réduit qu'il fût, l'intérêt des officiers ministériels à la bonne gestion de leurs charges serait loin de disparaître. Les responsabilités, le désir de l'avancement sont, en effet, des stimulants dont on ne peut contester l'énergie. Dans nombre de carrières, ils alimentent seuls un zèle et un dévouement qu'on ne peut songer à méconnaître. Mais, en outre, les remises proportionnelles qui seraient laissées aux officiers ministériels sur les perceptions qu'ils opéreraient, leur procureraient, dans les affaires dont ils seraient chargés, un intérêt trop immédiat pour que le public eût réellement à redouter l'indifférence professionnelle dont on parle. Il est vrai que désormais les officiers ministériels seraient moins disposés à se faire les banquiers de leurs clients, à avancer à ceux-ci les frais que nécessitent les actes de leur ministère. Mais ce sont là des services que le client paye bien souvent trop cher, pour qu'on se préoccupe outre mesure de lui en conserver le bénéfice.

Quoi qu'il en soit de ces objections, c'est évidemment à l'idée dont on les fait découler qu'il faut, avant tout, attribuer l'échec qu'a subi le système devant la commission sénatoriale de l'Algérie. Voici, en effet, les raisons essentielles par lesquelles M. le sénateur Dupuy croit devoir le repousser au nom de la commission. Ce système « aurait, dit-il, pour effet immédiat d'augmenter en Algérie le nombre des fonctionnaires. Or, tout a été dit contre le fonctionnarisme. Instrument des régimes despotiques, il devrait être réduit à sa plus simple expression dans un pays libre. L'économie politique bien entendue l'a toujours combattu, parce qu'il stérilise les intelligences et détourne des tâches utiles tous ceux qui, par leur initiative et leur activité, pourraient rendre de réels services. Créer une nouvelle classe de fonctionnaires, ce serait, à coup sûr, heurter un courant d'opinion qui va s'accentuant chaque année. »

Quant au système auquel la commission a cru devoir se rallier, l'honorable rapporteur le résume en disant qu'il consiste à établir au profit du Trésor un prélèvement proportionnel sur les honoraires perçus par les officiers ministériels. Le taux de ce prélèvement est fixé à 30 0/0 pour les charges produisant annuellement plus de 25.000 fr. Il est régulièrement décroissant pour les offices d'un rendement annuel inférieur à 25.000 fr. : 20 0/0 pour les offices produisant de 20,001 à 25.000 fr. ; 15 0/0 pour les offices produisant de 15.001 à 20.000 fr.; 10 0/0 pour les offices produisant de 3.001 à 15.000 fr. Enfin, les charges produisant moins de 3.000 fr. par an sont affranchies de tout prélèvement.

Pour assurer le fonctionnement pratique du prélèvement qu'il établit, le projet ne se contente point des données fournies par les registres de l'enregistrement. Son article 3 impose aux officiers ministériels une série d'obligations spéciales destinées à rendre aussi simple que possible la détermination du produit annuel imposable de chaque étude. Je me contenterai de reproduire les termes de cet article 3 : « Pour faciliter l'établissement des tarifs et la perception des droits, tous les officiers ministériels devront ajouter à leur répertoire une colonne où mention sera faite, en regard de l'indication de chaque acte, de toutes les sommes perçues en raison de cet acte. Ceux des officiers ministériels qui ne sont pas astreints à un répertoire, devront tenir un registre spécial sur lequel seront portés au jour le jour, par rang de date, tous les actes de leur ministère, ainsi que les débours et émoluments de ces actes. Les officiers ministériels seront tenus de délivrer une quittance détachée d'un registre à souches de toutes les sommes reçues pour paiement de frais. Les répertoires, registres spéciaux, registres à souches seront visés, chaque trimestre, par le receveur de l'enregistrement, et devront être présentés à première réquisition, soit des magistrats du parquet, soit des agents de l'enregistrement. »

Tel est, très sommairement analysé, le système que la commission sénatoriale de l'Algérie a cru devoir préférer au système dont le chef du parquet général de la Cour d'Alger avait indiqué les bases et précisé la réglementation.

J'ajoute que, plus complet que le projet présenté par l'honorable magistrat, le projet de la commission se préoccupe d'assurer le bon recrutement des officiers ministériels algériens, et, dans ce but, réglemente les conditions de leur nomination. Je mentionne, enfin, qu'il cherche à leur donner, une fois nommés, la même indépendance qu'à leurs collègues de la métropole, en leur accordant, au point de vue disciplinaire, des garanties analogues.

III

Je viens d'analyser les deux projets présentés l'un par le procureur général près la Cour d'Alger, l'autre par M. le sénateur Dupuy au nom de la Commission sénatoriale de l'Algérie. Je ne veux point m'attarder à discuter leurs avantages ou leurs inconvénients respectifs. S'il me fallait choisir, c'est peut être au second qu'iraient mes préférences. Il a le mérite d'être plus simple ; en tout cas, il ne fait courir aucun risque au Trésor.

Mais, à mon avis, ce n'est pas plus à l'un qu'à l'autre de ces systèmes qu'il faudrait s'attacher pour réaliser une réforme jugée nécessaire.

Il y avait, me semble-t-il, un reproche essentiel à adresser au système qu'a cru devoir écarter la Commission sénatoriale par l'organe de son rapporteur : c'est que ce système dénature et fausse le rôle que les officiers ministériels sont actuellement appelés à jouer. Dès l'instant que ceux-ci perçoivent, pour le compte de l'Etat, une part plus ou moins grande des honoraires auxquels les tarifs leur donnent droit, ils sont nécessairement transformés en agents du fisc, en véritables collecteurs d'impôts. Que deviendraient, dans ces conditions, leurs relations avec leurs clients ? Evidemment elles ne pourraient plus être ce qu'elles sont aujourd'hui, ce que les ont faites des habitudes déjà anciennes. L'officier ministériel (je parle tout au moins de l'avoué et du notaire), ne serait plus le conseil qu'on investit de sa confiance. Il deviendrait vite l'adversaire dont on se méfie et dont on redouterait l'ingérence au même titre qu'on peut craindre aujourd'hui celle du receveur de l'enregistrement par exemple. Est-ce là ce qu'il convient de faire, alors qu'il s'agit uniquement d'enlever à la situation des officiers ministériels algériens ce qu'elle peut avoir de trop manifestement privilégié ?

L'honorable rapporteur de la Commission sénatoriale a, du reste, une bonne raison pour ne point relever, dans le système qu'il croit devoir écarter, le vice capital dont nous parlons : c'est que le système, qu'il lui substitue et qu'il présente au nom de la Commission, est entaché de ce même vice et, partant, mérite les mêmes critiques.

A un autre point de vue, les deux systèmes encourent un reproche identique : c'est que leur fonctionnement pratique ne va pas sans compromettre gravement la dignité professionnelle des officiers ministériels dont ils réglementent la situation. Soumis à un contrôle incessant, à des vérifications nombreuses qui pourraient facilement devenir désobligeantes et vexatoires, les officiers ministériels algériens vivraient en quelque sorte sous un régime rappelant d'assez près celui des détaillants soumis à l'exercice. Sous prétexte d'enlever à leur situation actuelle ce qu'elle a évidemment de trop enviable, on arriverait à les placer dans une situation manifestement inférieure à celle de leurs confrères de la métropole. Il y aurait là, nous semble-t-il, une injustice bien plus choquante que ne saurait l'être le maintien de la situation privilégiée dont ils jouissent encore, alors qu'il ne reste rien des motifs qui avaient pu la justifier autrefois.

Est-ce à dire qu'on ne puisse toucher à la situation des officiers ministériels algériens, sans encourir les reproches que nous paraissent mériter les deux systèmes ci-dessus exposés? Je crois, au contraire, qu'il est non seulement possible, mais facile de mesurer exactement la réforme à l'étendue même des privilèges auxquels il importerait de mettre fin.

Qu'y a-t-il donc vraiment de choquant dans la situation actuelle des officiers ministériels algériens? Que, sans bourse délier, ils exercent leurs professions dans les mêmes conditions et avec les mêmes avantages que leurs confrères de la métropole. C'est, par exemple, un notaire qui tient de la munificence gouvernementale une charge pour laquelle il devrait, en France, payer plus de 200.000 francs. Le privilège est criant, l'abus manifeste. Mais ne voit-on pas que, pour le faire disparaître, il suffirait uniquement d'imposer à l'officier ministériel algérien, dans l'intérêt du Trésor, un sacrifice équivalent à celui que, dans la métropole, ses confrères doivent faire au profit de leurs prédécesseurs ? Je ne veux point sans doute de la vénalité des charges en Algérie. Mais il est d'évidence que, tout aussi bien que celles de la métropole, les charges algériennes peuvent faire l'objet d'une évaluation pécuniaire reposant sur les mêmes bases et comprenant des éléments identiques. Or, quelle impossibilité verrait-on à ce que tout acte de nomination d'un officier ministériel algérien ne se bornât point à la désignation de celui-ci, mais précisât en même temps la valeur pécuniaire de l'office qui lui est concédé. Pour arriver à cette évaluation, la chancellerie n'aurait pas à opérer un travail autre que l'opération à laquelle elle doit nécessairement procéder, lorsqu'elle est appelée, en France, à vérifier les conditions dans lesquelles se font les cessions d'offices. Au lieu de le faire en vue d'un simple contrôle destiné à éviter toute exagération dans les prix de cession, elle le ferait pour déterminer l'étendue des obligations à imposer, dans l'intérêt du Trésor, au nouvel officier ministériel. La différence du but poursuivi ne saurait évidemment compliquer les difficultés de l'opération.

L'évaluation une fois faite, resterait seulement à déterminer comment l'officier ministériel devrait s'acquitter envers l'État.

On pourrait très bien concevoir que, sous forme de cautionnement non productif d'intérêts, l'officier ministériel algérien fût contraint de verser, dans les caisses de l'État, le montant de la valeur reconnue à la charge dont il serait pourvu. L'objection la plus sérieuse, c'est qu'évidemment on arriverait, avec ce système, à immobiliser une portion appréciable du capital algérien. Or, ce serait bien peu tenir compte des besoins de l'Algérie que de détourner ainsi, au préjudice de la mise en valeur et de l'exploitation du sol, une portion notable des capitaux qui viennent dans la colonie ou s'y sont constitués. Aussi mieux vaudrait, nous semble-t-il, s'en tenir à un système qui, sous forme d'impôt annuellement payé au Trésor, obligerait l'officier ministériel à acquitter, pendant toute la durée de ses fonctions, les intérêts de la somme à laquelle on aurait évalué son office.

Resterait à résoudre quelques questions de détail. D'abord, à fixer le taux de capitalisation permettant de calculer la valeur de l'office. En France, ce taux varie, suivant les charges, de 20 à 30 0/0. On pourrait accepter, pour tous les offices algériens, un taux uniforme de 30 0/0 par exemple. Un office rapportant en Algérie 60.000 fr. serait évalué 200.000 fr. On pourrait, sans exagération, fixer à 4 0/0 le taux de l'intérêt que le Trésor serait en droit d'exiger : ce qui, pour le même office, représenterait une charge annuelle de 8.000. Je ne vois guère les objections qu'on pourrait adresser à ce système. Sans doute, il fait au Trésor une part moins belle que les précédents. Mais au moins cette part est elle assurée. L'ensemble des offices algériens représente, au taux de capitalisation de 30 0/0, une valeur totale de 17 millions à peu près. De là, pour le Trésor, une prime annuelle de plus de 700.000 fr., en admettant même, ce qui paraît équitable, qu'on exempte de tout impôt les offices rapportant moins de 3.000 fr.

Avec une réforme de ce genre, les officiers ministériels garderaient à la bonne gestion de leurs charges le même ntérêt que par le passé ; leurs relations avec leurs clients ne risqueraient point d'être dénaturées, pas plus que leur dignité professionnelle n'aurait à être compromise. D'autre part, ils seraient mal venus à se plaindre de mesures qui se borneraient, en somme, à enlever à leur situation actuelle ce que celle-ci a d'injustement privilégié, quand on la compare à la situation de leurs confrères de la métropole.

Enfin, ce n'est pas la complexité du système, ce ne sont pas les difficultés de son fonctionnement pratique, ce ne sont pas davantage les risques d'une expérience à tenter, qu'on peut alléguer pour le combattre, rien, en somme, de ce qu'on peut justement reprocher soit au système de M. Flandin, soit au système préconisé par M. Dupuy au nom de la commission sénatoriale. En complétant la réforme par les dispositions qui, dans le projet de la commission sénatoriale, réglemente les conditions nouvelles du recrutement des officiers ministériels algériens, en y ajoutant, en outre, celles qui donnent à ceux-ci, au point de vue disciplinaire, des garanties identiques à celles dont jouissent leurs confrères de la métropole, on ferait, croyons-nous, une œuvre utile et sage, qui aurait tout au moins le mérite de se préoccuper, à un titre égal, de l'intérêt du Trésor et des intérêts, d'ailleurs très légitimes, des officiers ministériels algériens.

Le Banditisme

ET LA

Sécurité en Kabylie

Les débats judiciaires ont cette utilité incontestable qu'ils vous font pénétrer dans la vie intime d'un pays. Les habitudes et les mœurs qui y existent, les passions qui s'y agitent, la moralité qui y règne, tout cela se révèle et s'accuse avec une irrécusable netteté dans les procès qui s'y plaident. Il y a quelques mois, les inoubliables détails de l'affaire Sapor permettaient de s'initier à ce que peut être une administration municipale dans certaines communes algériennes. Le jugement d'Areski-ben-el-Bachir et de sa bande, qui va occuper une des prochaines sessions de la Cour d'assises d'Alger, donnera l'occasion d'apprécier ce que peut être la sécurité dans certaines régions de l'Algérie.

Je ne veux pas revenir sur les exploits du célèbre bandit kabyle : la plupart de ceux qui ont le plus contribué à lui donner sa retentissante notoriété sont bien connus, certains sont presque légendaires. Je me contente de la brève mais suggestive énumération des crimes pour lesquels il est, avec ses complices, renvoyé devant la Cour d'assises d'Alger : 25 assassinats, 7 meurtres, 11 tentatives d'assassinat, 2 incendies volontaires, 20 vols qualifiés, 1 séquestration ; voilà ce dont la justice se propose de demander compte à l'audacieux bandit qui l'a si longtemps bravée. Il en faudrait moins pour mériter à Areski une place d'honneur dans les annales du banditisme.

Après cela, faut-il s'étonner que, pendant plus de trois ans, son autorité ait, dans presque tout le territoire des trois communes mixtes d'Azzefoun, du Haut-Sebaou et de la Soummam, supplanté l'autorité de l'administration française ? Il s'y était taillé un véritable royaume, dans lequel plus de 160.000 Kabyles ne songeaient plus à discuter ses ordres ou ses caprices. Argent, femmes, diffas (1), tout ce qu'il lui plaisait d'exiger pour lui et ses fidèles, il était sûr de l'obtenir. D'implacables et sûres vengeances avaient bientôt triomphé de toutes les résistances et courbé les plus résolus sous une terreur qui, chez ces populations primitives, serait vite devenue superstitieuse si, à l'ascendant d'une indomptable énergie, Areski avait joint un prestige religieux quelconque. Mais, pour n'être faite que de la crainte qu'il inspirait, sa puissance était à ce point consolidée et assise que, lorsqu'après l'avoir trop longtemps subie, on s'est enfin décidé à lutter sérieusement contre elle, il a fallu organiser une véritable expédition. Aujourd'hui, Areski est aux mains de la justice. Il ne peut guère en sortir que pour

(1) C'est ainsi qu'on appelle les repas offerts aux hôtes de marque.

être livré au bourreau. A coup sûr, sa carrière de bandit est bien désormais terminée.

Il n'en reste pas moins intéressant de rechercher pour quelles causes Areski-ben-el-Bachir a pu réussir à se créer et à conserver en Kabylie la situation dont il a joui pendant plus de trois ans. Ces causes apparaissent vite, si peu qu'on examine les moyens effectifs dont dispose l'administration pour assurer la sécurité dans les régions dont l'audacieux Kabyle avait fait son domaine. Il s'agit d'un territoire de plus de 200.000 hectares, où se groupe une population indigène d'au moins 160.000 âmes. Les immenses forêts de l'Akfadou et d'Iakouren y multiplient, dans les massifs montagneux qu'elles recouvrent, d'impénétrables et sûres retraites. Or, dans un territoire aussi vaste, où les difficultés des pays de montagne s'augmentent de toutes les difficultés des régions forestières, quels sont les moyens effectifs dont dispose l'administration pour assurer la sécurité ? En dehors des quelques cavaliers indigènes, attachés aux administrateurs des trois communes mixtes d'Azzefoun, du Haut-Sebaou et de la Soummam, c'est à quatre brigades de gendarmerie qu'est confiée la mission de représenter la force publique, et de veiller au maintien de la sécurité dans toute l'étendue de ces trois communes. A la brigade, dont le siège est à Azzefoun, est remise la surveillance d'un territoire de 57.000 hectares, habité par près de 50.000 Kabyles. A l'autre, celle d'Azazga, la même mission incombe dans un territoire de 46.000 hectares, avec une population de 30.000 âmes. Enfin, aux deux brigades de Sidi-Aïch et d'El Kseur, on demande la surveillance et la protection de toute la commune mixte de la

Soummam, c'est-à-dire d'un territoire de plus de 110.000 hectares avec une population de près de 100.000 âmes. Imagine-t-on ce que pourrait être le banditisme en Corse avec quatre brigades de gendarmerie, chargées d'en empêcher l'épanouissement dans les arrondissements de Sartène ou de Corte par exemple ? Comment croire que les quatre brigades d'Azzefoun, d'Azazga, de Sidi-Aïch et d'ElKseur puissent mieux et davantage dans une région aussi vaste, plus peuplée et non moins montagneuse et boisée que chacun de ces deux arrondissements de notre grande île méditerranéenne ?

En réalité, c'est, il faut bien le reconnaître, par son prestige seul que l'administration française a pu jusqu'ici réussir à assurer la sécurité en Kabylie. Or, pour soutenir et alimenter ce prestige, les administrateurs des communes mixtes n'ont plus les procédés de justice sommaire qui réussissaient si bien aux officiers de bureau arabe, et qui, aux yeux des populations indigènes, apparaissent encore comme les attributs essentiels de l'autorité. D'autre part, les incertitudes et les lenteurs des répressions, poursuivies d'après les errements d'une procédure trop mal appropriée aux mœurs kabyles, le compromettent de jour en jour davantage. Il ne faudrait pas beaucoup d'audacieux comme Areski pour le ruiner définitivement.

Il est donc indispensable que l'administration envisage le moment où, pour veiller au maintien de la sécurité, elle ne devra plus compter que sur les moyens effectifs qui lui appartiendront. Une gendarmerie suffisante, un service de sûreté étendant ses ramifications dans toutes les régions de l'Algérie et capable ainsi de centraliser les renseignements et les informations, en même temps que d'imprimer à tous les agents de la force publique une direction d'ensemble, voilà ce dont, à brève échéance, il faudra nécessairement doter nos départements algériens. Avec une opiniâtreté persistante, l'administration supérieure doit donc se préoccuper de développer et d'accroître ces éléments essentiels de la sécurité. Elle a déjà fait en se sens d'appréciables efforts. Elle doit faire bien plus encore. Je ne puis croire que le Parlement français voudrait assumer la responsabilité de lui refuser les crédits nécessaires L'unanimité avec laquelle la commission du budget a cru devoir admettre les augmentations de crédit, d'ailleurs bien légères, que le gouverneur général vient de lui demander dans ce but, ne permet pas du moins de le supposer.

Les Erreurs Judiciaires

en Algérie

La longue épopée du banditisme kabyle a eu enfin son épilogue. Plus de trois mois et demi après leur condamnation, Areski-ben-el-Bachir, Abdoun et quatre de leurs complices ont été exécutés sur la place publique d'Azazga. Quatre autres, plus fortunés, ont bénéficié de la clémence du président de la République.

Il suffit de se rappeler les incidents qui se sont déroulés devant la Cour d'assises d'Alger pour expliquer les hésitations qu'on a dû éprouver à Paris, lorsqu'il s'est agi de prendre une décision définitive. Le cas d'Abdoun surtout ne devait-il pas soulever bien des scrupules ? Etait-il légitime de faire tomber la tête d'un homme, qui, en définitive, n'avait tué que pour se venger d'ennemis dont les accusations intéressées et mensongères l'avaient jadis envoyé au bagne ? Certes, il faut se remémorer en détail la longue série des sinistres exploits dont Abdoun illustra son existence de bandit, pour comprendre et approuver la décision qui a prévalu en ce qui le concerne. On ne pouvait l'écarter sans proclamer que la vengeance excuse toutes les atrocités et tous les crimes. D'autre part, Areski, pour lequel aucune clémence n'était possible, n'avait été souvent qu'un instrument entre les mains d'Abdoun. Pouvait-on gracier celui-ci alors que celui-là était frappé ?

Au reste, s'il faut en croire certains bruits qui circulent en Kabylie, Abdoun serait mort sans rien abjurer de ses haines. Le café qui lui aurait été servi après son dernier repas, quelques heures avant l'exécution, lui aurait été, dit-on, apporté par son propre fils. Là, après une scène d'effusion contenue par la présence des gendarmes, quelques paroles auraient été échangées entre le père et le fils, assez pour que celui-ci ait reçu la recommandation suprême d'être le continuateur des vengeances de son père, et se soit solennellement engagé à y vouer sa vie. S'il en est ainsi, le sang qui vient de couler sur la place publique d'Azazga ne sera pas le dernier que fera verser, en Kabylie, la haine désormais légendaire des Achabo et des Abdoun.

Quoi qu'il en soit, je m'étonnerais fort que des voix ne s'élèvent point pour reprocher à l'imperfection de nos institutions judiciaires la sombre et sanglante destinée d'Abdoun. Assurément, s'il s'était montré moins implacable et moins féroce dans l'œuvre de justicier qu'il s'était cru en droit de poursuivre, il serait bien difficile, après l'expiation suprême, de lui refuser la pitié que mérite toute victime. Mais rien ne serait plus injuste que de rendre nos institutions judiciaires responsables de la déplorable erreur qui aurait brisé sa vie.

Victime, il le fut peut-être, mais c'est avant tout des vices de sa race. Tant que nos magistrats ne trouveront chez les témoins indigènes que duplicité et mensonge, pourra-t-on, de bonne foi, imputer aux imperfections de notre procédure et de nos lois les erreurs qui peuvent en marquer le fonctionnement dans les milieux indigènes? Attirer sur ses ennemis les rigueurs de la justice qui recherche un coupable, les détourner de ses amis, en tout cas, les égarer, telle est la préoccupation à peu près exclusive qui dicte toutes les dépositions. Après cela, faut-il s'étonner que des incertitudes ou des erreurs d'instruction attirent parfois sur une tête innocente des châtiments immérités ?

Un exemple, entre mille, montrera avec quelle impudence les indigènes mentent et mentent toujours, quand il s'agit pour eux d'égarer la justice et de la mettre au service de leurs intérêts ou de leurs vengeances. On me le citait, il y a quelques jours. L'an dernier, un caïd du département d'Alger était tué pendant une fête qui avait attiré chez lui nombre d'indigènes des environs. Immédiatement prévenu, le Juge de paix se rendait sur les lieux assisté d'un médecin. Le cadavre, encore tiède, gisait baigné dans son sang, au pied d'un olivier. Amis, serviteurs, parents, se pressaient à l'entour. Le Juge de paix les interroge. Tous sont unanimes. Le vieux caïd s'est suicidé.

Cette version ne résistait pas au moindre examen du cadavre. Le caïd était mort, les reins brisés par une balle qui l'avait frappé par derrière. Mais c'est vainement que le magistrat marque son incrédulité et presse les témoins de questions. C'est toujours la même réponse. Son insistance et les doutes qu'il témoigne ne font que rendre les témoins plus affirmatifs et qu'augmenter la kyrielle de leurs serments. Force est donc pour lui de renoncer à découvrir, sur l'heure, une vérité que tous s'accordent à lui cacher. Aussi se borne-t-il à procéder aux constatations d'usage, puis il se retire, après avoir pris les noms des témoins qu'il a interrogés et les avoir conviés à se rendre le lendemain à la Justice de paix.

Moins d'une heure après, il était rejoint par le fils aîné de la victime, qui, disait-il, venait lui faire connaître toute la vérité. Comme tous les autres, il avait menti tout à l'heure, en parlant d'un suicide. La mort de son père était, au contraire, le résultat d'un crime. Pendant une fête que le vieux caïd offrait à ses amis, étaient survenus à l'improviste quelques cavaliers d'un douar voisin, depuis longtemps ses ennemis. Ils avaient à bout portant, déchargé leurs fusils sur le vieux chef. Celui-ci était tombé mortellement frappé, et ses meurtriers, avaient disparu, emportés par le galop furieux de leurs montures. « Depuis longtemps, ajoutait-il, nous étions. mon père et les miens, en but à l'inimitié de ceux que je viens dénoncer. Maintenant que tu sais la vérité, protège-nous et venge mon père. » Tout cela débité sur un ton de sincérité parfaite et affirmé avec le même accent de vérité que naguère le suicide.

Le Juge de paix regagne le douar qu'il venait de quitter. Il interroge de nouveau les témoins du drame. Cette fois encore, pas un n'hésite. Il ne s'agit plus d'un suicide mais d'un crime. Tous ont reconnu les meurtriers, tous s'accordent à les désigner. Après tout, là est peut-être la vérité. Mais l'unanimité est trop parfaite, les mêmes circonstances sont indiquées avec trop d'ensemble et trop de précision, et surtout le changement d'attitude est trop brusque pour que le juge ne suspecte point la sincérité des témoignages qu'il vient de recueillir. Aussi décide-t-il que le fils aîné du caïd et cinq des principaux témoins devront le suivre à la Justice de paix et y rester à sa disposition.

Le lendemain, il les interroge de nouveau. Le système n'a pas varié, et, en présence des accusations précises que tous s'accordent à maintenir, le magistrat s'apprête à se rendre dans le douar des meurtriers qu'on lui désigne, pour les interroger et, s'il y a lieu, procéder à leur arrestation.

Sur ces entrefaites, une femme se présente à la Justice de paix. Elle est accompagnée d'un groupe d'indigènes dont plusieurs ont figuré dans les témoins de la veille. C'est la plus jeune des veuves de la victime. Elle a une communication urgente à faire au juge de paix. Elle vient lui révéler la vérité qu'on lui a jusqu'à présent cachée. Son époux ne s'est pas suicidé ; il n'est pas mort victime d'une agression de ses ennemis ; il est tombé sous les coups d'un assassin, et cet assassin, c'est l'aîné de ses fils : celui-là même que le juge a cru devoir retenir à sa disposition. « Hier, dit-elle, la crainte a fermé toutes les bouches. Mais aujourd'hui que le coupable est arrêté, tu sauras la vérité. Si tu doutes de mes paroles, interroge ceux qui me suivent, et tu seras convaincu. » Effectivement, ses compagnons confirment son dire. Ils retracent la scène du crime avec la même précision de détails, le même accent de conviction que la veille, alors qu'ils parlaient du suicide de leur vieux chef ou de l'agression qui lui aurait coûté la vie. Rien dans leur attitude ne trahit qu'ils mentent aujourd'hui comme ils ont menti la veille, et voilà le malheureux magistrat obligé de se débattre au milieu de tous ces témoignages contradictoires, tous également suspects, mais tous affirmés et maintenus avec la même assurance.

La vérité ne devait être connue que bien plus tard. En réalité, le vieux caïd était mort victime d'un accident au cours d'une fantasia qu'il offrait à ses invités. Un de ses cavaliers lui avait fracassé les reins d'une balle restée par mégarde dans un fusil qu'on croyait déchargé. Il eût été bien simple, semble-t-il, d'éclairer de suite le magistrat. Mais la fantasia n'avait point été autorisée ; on avait fait parler de la poudre qu'on s'était procuré en contrebande ; il fallait donc éviter sur ce point les investigations des autorités. De là, la fable du suicide. L'impossibilité de la maintenir en présence des faits constatés par le juge de paix avait vite dicté une tactique différente. Mieux valait exploiter l'accident ; de suite les suggestions de l'intérêt ou de la haine avaient conduit aux deux autres versions. Mais partout et toujours le mensonge.

Dans un semblable milieu, quelles institutions judiciaires, si parfaites qu'on les suppose, n'auraient point chance d'égarer parfois sur un innocent des châtiments immérités ? Ne faut-il point, en définitive, que chaque société ait à souffrir des vices qui lui sont propres ? Certes, je suis loin de prétendre qu'on doive approuver sans réserve l'application aux indigènes de nos lois répressives et surtout des errements d'une procédure criminelle qui n'est point faite pour eux. Que des réformes soient utiles, désirables même, je ne songe point à le nier. Mais, tant que le niveau moral des indigènes restera stationnaire, tant que, chez le plus grand nombre, le respect de la vérité n'arrivera point à dominer les suggestions de l'intérêt ou de la haine, il faudra bien reconnaître l'inéluctable fatalité d'erreurs judiciaires comme celle dont Abdoun a été la victime. A ce point de vue comme à tant d'autres, c'est donc avant tout et surtout à améliorer le niveau moral de nos sujets algériens que doivent tendre les efforts. La besogne n'est pas d'un jour sans doute. Mais, si lente qu'on la suppose, elle ne risque guère d'être aussi décevante que pourrait l'être la prétention d'organiser des institutions assez fortes pour avoir raison des vices inhérents au milieu social dans lequel elles sont appelées à fonctionner.

La Réorganisation

des Médersas

J'ignore ce que pouvait être l'enseignement donné dans les médersas qui existaient, en Algérie, avant la conquête française. On a comparé ces médersas aux Universités du moyen âge. Comme ces dernières, elles auraient groupé, autour de maîtres savants et respectés, tout un monde de disciples avides de s'instruire. La grande mosquée d'Alger aurait été, notamment, le centre d'une activité intellectuelle considérable. La philosophie, la littérature, la médecine, la grammaire, le droit musulman, l'astronomie et l'astrologie y auraient été enseignés par les professeurs les plus capables et les plus autorisés. Semblable à celle des barbares, l'arrivée des Français aurait jeté une perturbation profonde dans ce monde de penseurs et de savants. Désertant leurs chaires, les professeurs se turent, les élèves se dispersèrent, et l'invasion venue du Nord fit régner les ténèbres et le silence dans ce foyer intellectuel que n'avait pu éteindre la domination brutale et ignorante des Turcs.

S'il y avait là autre chose qu'une légende, ce serait, à coup sûr, peu flatteur pour notre amour-propre. Mais, bien qu'elles aient été accueillies dans un document parlementaire, d'ailleurs intéressant (1), ces idées nouvelles sur les conséquences de notre intrusion dans les destinées de l'Algérie me paraissent reposer sur des autorités vraiment trop discutables, pour que nos susceptibilités nationales puissent s'en émouvoir. Elles ne résistent guère à l'examen des faits. Si l'on devait retrouver quelque part les échos, affaiblis peut-être, mais fidèles, de l'enseignement dont on parle, ce serait assurément dans les *zaouias* renommées, où, chassés par nos armes triomphantes, maîtres et disciples des anciennes médersas algériennes sont allés porter leurs habitudes et leurs méthodes scientifiques. Or l'enseignement de ces zaouias n'est plus à ce point mystérieux qu'on n'en ait, dès longtemps, pénétré les secrets. L'étude, souvent aveugle, de la lettre même du Coran et de ses innombrables commentateurs, voilà ce qui domine et absorbe toute l'activité intellectuelle de ces nouveaux centres de science et de lumière. Dans ces conditions, comment croire à la valeur et aux mérites de l'enseignement des anciennes médersas ? Ce serait supposer que, transporté dans les zaouias, cet enseignement ait subi, non pas simplement une décadence rapide, mais un effondrement subit autant qu'irrémédiable.

Mais, si ce n'est point comme une réparation tardive

(1) Le rapport présenté par M. le sénateur Combes au nom de la commission sénatoriale de l'Algérie.

de l'inconsciente barbarie de nos armes victorieuses, c'est comme un acte d'une haute portée politique que s'impose la réorganisation des médersas algériennes. Bien plus, en effet, que la diffusion de l'instruction primaire dans les masses, le développement de l'enseignement supérieur musulman est de nature à faciliter l'œuvre d'assimilation dont la France a assumé la tâche en Algérie. C'est d'abord dans le cerveau de ceux qui sont appelés à constituer les classes dirigeantes de nos populations indigènes qu'il importe de déposer et de faire germer les notions essentielles sur lesquelles l'intelligence moderne bâtit tout l'échafaudage de ses connaissances. Un musulman y est, d'ordinaire, si totalement étranger que les points de contact entre son intelligence et la nôtre ne sont qu'accidentels et nécessairement inféconds. Le plus savant des *ulémas*, initié à toutes les difficultés de l'interprétation coranique, ignore bien souvent les notions élémentaires qui forment le bagage indispensable du dernier des écoliers de nos écoles primaires.

Je n'en citerai qu'un exemple ; il est d'ailleurs caractéristique. Je le tiens d'un ancien magistrat algérien, qui a longtemps observé les hommes et les choses du pays. En sa qualité de président de chambre à la Cour d'appel d'Alger, il avait été appelé à diriger les opérations d'un jury d'examen, devant lequel se présentaient un certain nombre d'indigènes aspirant aux fonctions de la justice musulmane. A ses côtés, comme assesseur, siégait un indigène, renommé pour sa science et investi d'une des plus hautes fonctions du culte musulman en Algérie. Entre autres matières, le programme de l'examen portait que les candidats devaient justifier de certaines connaissances géographiques. Se conformant aux indications du programme, le président du jury demande à l'un des candidats ce que c'est que l'Angleterre. « C'est une île », répond le candidat. Sans discuter le point de vue auquel celui-ci s'est placé, l'examinateur approuve la réponse, qui mérite aussi les approbations significatives de l'assesseur musulman. « Qu'est-ce que l'Espagne ? — C'est une île », répond non moins imperturbablement le candidat. Cette fois, l'assesseur musulman approuve seul. Le président proteste, sans trop insister cependant. L'Espagne est une presqu'île. Il peut y avoir là, pour le candidat, la source d'une erreur excusable. « Mais alors, qu'est-ce que l'Allemagne ? — C'est une île, reprend encore le candidat. Même réponse pour la Russie. Il n'y a plus de doute, l'ignorance du candidat est manifeste. Le président se laisse entraîner à la lui reprocher en termes sévères. Le plus étonné, c'est l'assesseur musulman. N'y tenant plus, celui-ci se penche vers son collègue et murmure à son oreille d'une voix anxieuse : « Mais il faut bien prendre le bateau pour aller dans tous ces pays ! » Evidemment, ce n'était pas seulement dans l'esprit du candidat que la notion d'une île restait encore enveloppée de mystère.

L'exemple est significatif. Je pourrais en citer bien d'autres. Il semble même que, à raison d'une culture qui donne à son activité intellectuelle une direction si contraire à la nôtre, le musulman lettré soit plus loin de nous encore que ne peut l'être le plus humble des fellahs. Il en sera nécessairement ainsi tant que les *tolba* (1) algériens resteront les disciples d'Universités musul-

(1) C'est le pluriel de *taleb*, savant.

manes étrangères ou de zaouias dirigées par des fanatiques. Pour qu'ils se rapprochent de nous, il est indispensable qu'ils cessent de devoir leur culture à un enseignement radicalement étranger à l'esprit et aux tendances de notre civilisation. N'est-ce pas dire que, bien avant la diffusion de l'enseignement primaire, s'impose, pour la France, le relèvement de l'enseignement supérieur musulman en Algérie, et, partant, l'organisation de médersas donnant cet enseignement ?

Toutes les nations européennes qui exercent leur domination dans des pays musulmans ont eu soin de relever, pour le diriger, l'enseignement des médersas. L'Autriche, en Bosnie, l'Angleterre, dans les Indes, se sont également préoccupées de cette question que nous avons trop longtemps négligée.

Il faut cependant reconnaître que, dès le milieu de ce siècle, les pouvoirs publics ont fait, en ce sens, une tentative. Un décret du 30 septembre 1850 a institué, aux frais de l'Etat, trois écoles supérieures destinées à la culture des hautes études musulmanes. C'est là l'origine des trois médersas qui existent encore aujourd'hui en Algérie. Le but de cette création était d'assurer l'instruction des indigènes aspirant aux différentes fonctions qui leur sont réservées dans les services publics de la colonie.

En dépit des remaniements successifs dont elles ont été l'objet, les trois médersas d'Alger, de Constantine et de Tlemcen n'ont point cependant donné des résultats appréciables. Le niveau des études y est, jusqu'à présent, resté trop inférieur pour que l'administration ait pu trouver, dans les étudiants fréquentant ces écoles, les auxiliaires utiles qu'elle avait cru pouvoir y former.

Aujourd'hui, le gouvernement paraît décidé à une réorganisation complète et à un relèvement sérieux de l'enseignement des médersas. Il veut faire de celles-ci des établissements d'enseignement supérieur, véritablement dignes de ce nom. C'est à cet effet qu'il a saisi de la question le Conseil supérieur de l'instruction publique. Celui-ci, dans sa dernière session, a, sur le rapport de M. Bréal, adopté un projet de décret déterminant le nouveau programme des études, qui, désormais, devront être faites dans les médersas.

D'après ce projet, revêtu depuis lors de la signature du Président de la République, la durée des études est de quatre années. L'enseignement comprend l'étude de la langue française avec des notions d'histoire et de géographie, de droit usuel, d'organisation administrative, d'arithmétique, de géométrie, de sciences physiques et naturelles. Le tout devra être complété par une étude approfondie de la langue arabe, du droit musulman et de la théologie musulmane. La médersa d'Alger enseignera en outre, pour des catégories déterminées d'élèves, la langue kabyle et le droit coutumier des Kabyles. Les élèves qui, à la fin de la quatrième année, auront subi, avec succès, l'examen de sortie recevront un certificat d'études des médersas et pourront être admis dans la division supérieure de la médersa d'Alger, division qui va être créée. La durée des études de cette division supérieure sera de deux années. On y enseignera la théologie musulmane et l'exégèse coranique, le droit musulman et les sources de ce droit, la littérature arabe, la rhétorique et la logique, l'histoire de la civilisation française et les éléments du droit français, ainsi que la législation algérienne. Il sera décerné aux élèves qui auront subi avec succès l'examen de sortie un diplôme d'études supérieures des médersas.

Voilà le résumé des dispositions du nouveau décret, paru à l'*Officiel* du 23 juillet dernier (1).

Il faut reconnaître que, sérieusement appliqué, ce décret est de nature à faire des médersas des organes apportant un précieux concours à l'œuvre de la France en Algérie, car on ne peut qu'applaudir à l'heureux choix des matières dont il contient l'énumération. Avec des cours de théologie musulmane, de droit musulman pur et appliqué, d'exégèse coranique, de littérature et de langue arabe, les médersas régénérées deviendront véritablement des établissements de hautes études musulmanes, qui n'auront rien à envier aux établissements similaires de l'étranger. Elles pourront former des *tolba*, dont les connaissances ne le cèderont en rien à celles des étudiants sortant des Universités musulmanes renommées, de l'Université Karaouine à Fez, par exemple, celle qui, chaque année, recrute le plus de disciples parmi nos sujets algériens. Mais, après leurs six années d'études, les étudiants de nos médersas auront, en outre, l'immense avantage d'allier aux connaissances de l'enseignement supérieur musulman toutes celles dont les dotera l'enseignement parallèle de notre langue, de notre droit et de nos sciences.

L'application du nouveau programme d'études, déter-

(1) Le 23 juillet 1895.

miné par le décret du 23 juillet dernier, peut donc assurer à nos tolba algériens une incontestable supériorité sur leurs rivaux des Universités étrangères. Mais, pour que ce ne soit point là une vaine tentative, dont l'insuccès vienne grossir la liste, déjà longue en Algérie, des réformes inutiles et décevantes, il importe que cette application soit sérieuse. Aussi ne saurait-on trop insister sur les conditions essentielles du développement des nouvelles médersas.

Sans doute, on ne peut, dès maintenant, prévoir et résoudre, à l'avance, toutes les difficultés susceptibles de ralentir ou même d'arrêter ce développement. Il n'en est pas moins vrai que celui-ci implique certaines conditions essentielles, en l'absence desquelles il ne saurait répondre aux espérances des promoteurs de la réforme qui vient d'être réalisée.

Il faut d'abord que l'accès des médersas soit rigoureusement fermé à tout indigène ne justifiant pas d'une préparation suffisante. Qu'on ne soit pas trop rigoureux, je le veux bien. Mais qu'on exige tout au moins une instruction primaire complète, ainsi qu'une connaissance suffisante de la langue française et de la langue arabe. Je sais, par expérience, dans quelle large mesure l'ignorance, vraiment trop complète, des étudiants qu'on y admettait explique l'insuccès des anciennes médersas. C'est cette ignorance qui a été le principal obstacle à leurs progrès. Que peut le zèle des professeurs ? L'enseignement le mieux approprié devient stérile. Tout le temps se perd à des leçons rudimentaires, dans lesquelles le maître s'épuise en explications dont le simple sens grammatical échappe souvent à ses auditeurs. Il est donc indispensable qu'un examen sévère consigne impitoyablement l'entrée des médersas à tous les indigènes qui ne seraient point aptes à en suivre les leçons avec fruit. Ce serait s'exposer à de graves mécomptes que de persévérer dans la voie suivie jusqu'ici. La prolongation de la durée des études et les additions au programme ne deviendraient qu'un leurre ; elles n'auraient guère d'autres conséquences que de multiplier le nombre des leçons incomprises.

Une deuxième condition non moins essentielle que la précédente, si l'on veut que les médersas répondent à ce qu'on attend d'elles, c'est que les études musulmanes y soient d'une haute valeur. Le recrutement des professeurs appelés à enseigner les différentes branches de ces études ne saurait être fait avec trop de soin. Il faut faire appel aux *ulémas* les plus en vue et qui jouissent, parmi leurs coreligionnaires, de la plus grande autorité. On devrait même, s'il le faut, les prendre à l'étranger. Comment veut-on que les médersas puissent faire utilement concurrence aux Universités musulmanes étrangères, si le savoir des professeurs, si l'orthodoxie et les mérites de l'enseignement ne peuvent être mis en balance ? Aujourdui, toute la confiance des indigènes va aux tolba formés dans les Universités de l'Egypte ou du Maroc. Ils sont persuadés que, là seulement, leurs lois, leur théologie, leur histoire, leur litterature et leur poésie sont expliquées et enseignées par des maîtres dignes de former des élèves. C'est un courant d'opinion d'autant plus arrêté que, jusqu'à présent, les étudiants, sortant des médersas, ont été plus incapables de soutenir la comparaison de leurs rivaux. On ne peut tenter de le remonter avec succès qu'autant que la réputation d'orthodoxie et de savoir des professeurs, appelés dans les médersas, sera garante de la valeur et des mérites de leur enseignement. Cela exigera peut-être quelques sacrifices pécuniaires. Mais ceux-ci ne sont point à mettre en balance avec la grandeur et l'importance du but qu'il s'agit d'atteindre.

De savants maîtres dont le renom dissiperait les défiances des indigènes, des élèves aptes à profiter de leurs leçons, voilà certes des éléments de nature à galvaniser les médersas. Ce serait peut-être insuffisant, si les étudiants ne devaient s'y rendre que poussés par le goût de l'étude et le désir d'une instruction sérieuse. Resterait donc à les attirer par la perspective de carrières lucratives et honorables dont l'enseignement et les diplômes des médersas ouvriraient l'accès. Dans ces conditions, la concurrence des Universités étrangères deviendrait peu redoutable, et nos médersas se peupleraient vite d'un monde d'écoliers apportant à leurs études toute l'ardeur de la situation à conquérir. Rien ne serait plus juste que de réserver exclusivement aux seuls candidats pourvus des diplômes délivrés par les médersas, les fonctions de la justice et du culte musulmans en Algérie. C'est en vue de former des candidats capables de remplir ces fonctions qu'est intervenu, en 1850, le décret qu'on peut considérer comme la charte d'instauration des médersas algériennes. Celles-ci, grâce au relèvement de leur enseignement, pourraient enfin rendre les services que, dès le principe, on en attendait.

Et d'abord les *mahakmas* (1), avec leur personnel de *cadis*, de *bachadels*, d'*adels*, d'*aouns* et d'*oukils*, peuvent offrir un débouché honorable à un certain nombre d'anciens étudiants des médersas. Il est vrai que, parmi ces fonctionnaires, les cadis seuls reçoivent un traitement fixe. Ce traitement est, d'ailleurs, peu élevé. Il ne dépasse pas 1.500 francs. Mais il s'augmente de certains droits perçus par les cadis sur leurs actes et vacations, d'après un tarif fixé par décret du chef de l'Etat. Ces droits forment masse et sont répartis, chaque mois, suivant des proportions déterminées, entre les différents membres de la *mahakma* ; le cadi touche 2/8 ; le bachadel 3/8, les adels et les aouns 3/8. En revisant, dans une juste mesure, les tarifs qui fixent ces droits, on rendrait facilement les fonctions de cadi et de bachadel assez enviables pour que nombre de jeunes indigènes recherchassent les diplômes sans lesquels on n'y pourrait prétendre. Sans doute, les différentes fonctions de la *mahakma* sont appelées à disparaître. L'intervention des juges français dans les affaires indigènes doit certainement recevoir un développement progressif, dont l'évolution finale entraînera la suppression des *mahakmas*. A coup sûr, ce n'est pas dans un avenir immédiat, ni même prochain, que cette suppression peut être envisagée. Jusqu'à nouvel ordre, l'attrait des fonctions de la justice musulmane contribuera donc à attirer et à retenir, dans les médersas, un certain nombre d'étudiants assidus et zélés.

(1) A côté du juge proprement dit, le cadi, l'organisation complète d'une mahakma comprend en effet un personnel de notaires et de greffiers (bachadels et adels), d'huissiers (aouns) et de défenseurs (oukils).

Mais ce sont surtout les fonctions du culte musulman qu'il importerait de réserver aux diplômés des médersas (1). Loin d'être appelées à disparaître, ce sont là des fonctions, dont le nombre et l'importance ne peuvent que s'accroître. On ne saurait nier l'ardente dévotion des musulmans algériens. Qu'elle soit, chez eux, l'expression d'habitudes invétérées plutôt que de croyances profondes, peu importe. Il n'en est pas moins indispensable d'éviter qu'elle soit exploitée contre nous. Pour cela, rien de plus nécessaire que la constitution d'un clergé musulman officiel, dont les médersas deviennent les séminaires. Ce clergé existe déjà, sans doute, mais à peine à l'état d'ébauche.

Dans son remarquable rapport sur le budget algérien de 1892, le regretté Burdeau n'avait pu s'empêcher de constater combien étaient infimes les crédits affectés aux dépenses du culte musulman. A peine 250.000 francs pour une population de près de 4 millions d'indigènes, alors que, pour 400.000 catholiques, la France dépense, en Algérie, plus de 700.000 francs, et près de 100.000 francs pour moins de 10.000 protestants. Ce ne sont pas les quel-

(1) Les prêtres musulmans portent le nom de muphti ou d'iman. Le titre de muphti est, d'ailleurs, purement honorifique. On le donne aux imans placés à la tête des mosquées les plus importantes. Le personnel du culte musulman comprend, en outre, un certain nombre d'employés subalternes qui n'existent, d'ailleurs, que dans les mosquées importantes. Ce sont les *mouderrès*, clercs ou professeurs, qui donnent l'enseignement aux enfants ; les *bach-hozzabs* et les *hozzabs*, chefs des lecteurs ou lecteurs, qui sont chargés de la lecture des livres sacrés ; les *bach-muezzins* qui dirige le service des *muezzins*, crieurs de la prière, etc. D'après le budget de 1895, le personnel du culte musulman comprendrait, en Algérie, 25 muphtis, 172 imans et à peu près 350 agents subalternes.

ques augmentations accordées depuis, pour le culte musulman, qui ont fait disparaître cette écrasante disproportion entre les dotations des différents cultes. Elles ont permis uniquement d'augmenter quelque peu le nombre des imans et de leur assurer partout un traitement annuel de 600 francs.

Il faudra faire beaucoup plus, le jour où l'on voudra constituer un clergé officiel qui puisse vraiment répondre aux besoins du culte musulman en Algérie. Mais j'ajoute qu'il ne faudra le faire que le jour, où le fonctionnement des médersas permettra le recrutement de prêtres capables de prendre, sur leurs coreligionnaires, le légitime ascendant d'un savoir incontesté.

Ce jour-là, marabouts et khouans (1) pourront perdre bien vite l'influence religieuse que le clergé actuel ne peut songer à leur disputer. Avec leur règne exclusif, ne manqueront pas de disparaître les haines et les préventions que leurs prédications entretiennent contre nous. Fortement armés par l'enseignement reçu dans les médersas, les futurs ministres du culte musulman sauront puiser des paroles de tolérance et de paix aux sources mêmes, dont on ne tire et dont on ne commente que les paroles de guerre. Sans cesser d'être orthodoxes, ils peuvent enseigner aux croyants d'autres devoirs que la haine et l'extermination de l'infidèle. Le Coran lui-même contient tout ce qu'il faut pour établir que, sans rien sacrifier de leurs croyances, les musulmans peuvent vivre en bonne intelligence avec des chrétiens. Dans tous les cas,

(1) C'est ainsi que se désignent les croyants affiliés à l'une de ces nombreuses confréries religieuses dont l'influence est si considérable dans le monde musulman.

c'est trop complaisamment, peut-être, qu'on a parlé d'un abîme que l'islamisme mettrait, en Algérie, entre la race conquérante et la race conquise. En admettant que l'abîme existe, ce ne sont point assurément les efforts faits jusqu'ici pour le combler, qui permettraient d'affirmer qu'il est infranchissable. Le moindre de ces efforts eût été, sans doute, de ne pas se désintéresser des besoins du culte musulman au point de ne rien faire pour assurer l'instruction et le bon recrutement de ses ministres. Aussi les indigènes pouvaient-ils facilement se laisser persuader que nous étions les ennemis de leurs croyances, que nous en voulions la disparition, peut-être même le remplacement par des croyances nouvelles. La réorganisation des médersas est le gage d'intentions nettement contraires, que, dans un autre milieu, à Paris même, l'œuvre de la mosquée affirme avec non moins d'évidence. Elles porteront tous leurs fruits le jour où le fonctionnement des nouvelles médersas aura permis de doter l'Algérie d'un clergé musulman dont le dévouement et les lumières soient vraiment à la hauteur de la mission qui lui sera dévolue. Il dépend de la France de ne point le former inférieur à sa tâche, de nourrir ses futurs membres d'assez fortes études, de les armer d'un savoir suffisant pour leur permettre de tenter avec succès le combat qu'ils seront appelés à soutenir.

Les résultats peuvent en être tels qu'on ne saurait trop hautement signaler l'importance de la réforme des médersas, ni trop vivement insister sur les soins qu'il convient d'apporter à sa mise en pratique.

L'élevage de l'Autruche

en Algérie

Lors du dernier Congrès des Sociétés savantes, la question de l'élevage de l'autruche en Algérie a fait l'objet d'une intéressante communication de M. J. Forest. Celui-ci est, depuis longtemps, un des partisans les plus déterminés et le propagateur le plus actif de cet élevage.

D'après lui, ce serait, pour la France, le moyen d'utiliser les immenses solitudes du Sud algérien. Dans le Sud de l'Algérie, l'Etat dispose, en effet, de millions d'hectares incultes et déserts, absolument impropres, d'ailleurs, à la création de centres européens. Rien ne serait plus facile que d'y créer une industrie dont la réussite dépend uniquement de la possibilité d'utiliser de grands parcours. Le climat saharien se prêterait admirablement à l'élevage d'autruches domestiques, au moyen desquelles on arriverait vite au repeuplement des vastes territoires dont les autruches sauvages ont aujourd'hui disparu. Il suffirait que, chaque année, des parcs reproducteurs, établis dans des régions choisies, lâchassent un certain nombre de leurs produits ; ceux-ci ne tarderaient point à se multiplier dans un pays qui paraît être leur pays d'origine, et où on les retrouvait encore, il y a trente ans à peine. Tous les anciens officiers de bureau arabe ont dans leurs souvenirs des chasses à l'autruche, pour le moins aussi fréquentes que le sont aujourd'hui les chasses à la gazelle. Sur les grandes tentes des Oulad Sidi Cheikh, flottent toujours de longues plumes d'autruches mâles, symbole de leur puissance et de leur prestige religieux. C'est bien la preuve manifeste que, récemment encore, l'autruche sauvage se rencontrait sur les parcours des tribus soumises aux grands marabouts de notre Sud-Oranais.

Quoi qu'il en soit, le repeuplement artificiel des solitudes sahariennes ne saurait être du ressort des particuliers. Seul, sans doute, ce repeuplement peut fournir à la consommation les superbes plumes qui sont l'apanage exclusif de l'autruche sauvage. Mais c'est évidemment là une œuvre dont l'Etat seul pourrait entreprendre la réalisation et assumer les risques.

Il en est tout autrement de l'élevage et de l'exploitation de l'autruche domestique. C'est là, en Algérie, une entreprise qui paraît bien propre à séduire les initiatives privées. Depuis longtemps, les essais de domestication de l'autruche y ont parfaitement réussi. Préconisée, dès 1849, par Isidore Geoffroy Saint-Hilaire, réclamée, en 1856, par le général Daumas pour éviter la disparition de l'espèce, la domestication de l'autruche a été tentée avec un plein succès, notamment au Jardin du Hamma, près d'Alger. Les premiers essais datent de 1859. Il semble donc que, depuis cette époque, les colons algériens eussent dû songer à profiter des expériences qu'ils avaient sous les yeux. Ils ne paraissent point s'en être préoccupés. Comment s'en étonner, du reste, alors que le prodigieux succès obtenu par la domestication des autruches au Cap n'a pas suffi à triompher de leur indifférence ?

Et cependant les résultats donnés par l'élevage de l'autruche au Cap attestent, avec une irréfutable évidence, la source immense de profits qu'ont ainsi négligée les colons algériens.

C'est seulement en 1865 que, profitant des essais tentés en Algérie, on domestiqua au Cap les premières autruches. Le recensement officiel de cette première année accuse l'existence de 80 autruches seulement dans tout le territoire de la colonie. Dix ans après, en 1875, on en comptait 32.000, et, en 1888, le recensement constatait l'existence de 152.000 de ces oiseaux. Actuellement, il y en a plus de 300.000 chez les fermiers de l'Afrique australe. De 1879 à 1888, la colonie du Cap a exporté un million de kilogrammes de plumes d'autruche. Or, à une époque où, en moyenne, la plume d'autruche se payait encore 600 fr. le kilogramme, cela représente une valeur de plus d'un demi-milliard qui n'a pas peu contribué à l'enrichissement de l'opulente colonie anglaise.

Ce succès ne pouvait manquer de susciter des imitateurs. Des essais d'élevage ont été faits en Californie, à Buenos-Ayres, en Egypte, à Montevideo, à l'île Maurice. Mais c'est surtout en Australie et dans la Nouvelle-Zélande qu'ils ont été tentés et poursuivis. Il est certain qu'ils ne réussiraient pas moins en Algérie. Ils y réussiraient même plus facilement, puisqu'il s'agirait de ramener l'autruche dans un pays, où elle vivait encore à l'état sauvage, il y a moins d'un demi-siècle. Il suffirait, pour cela, que les colons algériens témoignassent d'une initiative dont ils ne tarderaient pas, du reste, à être récompensés. Sans doute, depuis une dizaine d'années, le prix de la plume a considérablement diminué. Il est, en effet, à l'heure actuelle, d'une moyenne de 350 à 400 fr. le kilogramme, alors que, récemment encore, il dépassait 600 fr. Mais, comme me le disait, il y a peu de jours, un grand importateur parisien, les producteurs n'ont pas à se plaindre d'une baisse de prix, qui coïncide avec le développement d'une consommation de jour en jour plus considérable, et qui est, d'ailleurs, la condition même de ce développement. Autrefois parure de grand luxe, la plume d'autruche est devenue, aujourd'hui, un ornement de consommation courante. De là, pour elle, des débouchés qu'on ne pouvait entrevoir alors que l'autruche sauvage devait seule pourvoir aux demandes de la consommation.

Quoi qu'il en soit, l'indifférence des colons algériens a, jusqu'à présent, lassé tous les efforts tentés en vue de les inciter à l'élevage et à l'exploitation de l'autruche domestiquée. C'est ainsi notamment que, sur un point de la côte voisin d'Alger, à Daouaouda, on avait fondé, il y a quelques années, une autrucherie modèle. Le *Bulletin agricole de l'Algérie* nous apprend que cet établissement va disparaitre. Il avait été créé par des industriels français, qui emploient, chaque année, pour plusieurs centaines de mille francs de plumes d'autruche. Le but de leur autrucherie était de multiplier des reproducteurs et des autruches mâles qu'ils devaient distribuer en cheptel à des colons, auxquels ils auraient ensuite acheté des plumes.

Malheureusement leur œuvre patriotique n'a pas eu d'écho en Algérie. Vainement la démonstration a-t-elle été faite au Cap, en Australie et dans la Nouvelle-Zélande. Personne, en Algérie, n'a eu foi dans l'élevage des autruches. Voilà pourquoi toutes les autruches de Daouaouda vont partir, dans quelques jours, pour la Nouvelle-Zélande, acquises par un colon anglais, qui va en tirer tout le parti dont les colons algériens ont été vainement appelés à profiter.

Après cela, ceux-ci sont-ils vraiment en droit de se plaindre que l'Algérie ignore la prospérité de bien des colonies anglaises ?

La Question

des Phosphates Algériens

I

C'était au cours d'une de mes excursions dans la région des hauts plateaux de l'Algérie. Nous marchions, depuis le matin, dans ces vastes territoires de parcours qui s'étendent entre Teniet-el-Hâad et Boghari. Bien que nous ne fussions encore qu'en mai, les rayons verticaux d'un soleil implacable nous mettaient aux épaules de cuisantes sensations de brûlure. Autour de nous, un pays d'apparence aride et désolée, dont la monotonie avait vite lassé mon attention. Les yeux mi-fermés, je m'abandonnais au pas de ma monture, ne gardant plus la perception très nette des choses qui m'entouraient, et ce fut, à un moment donné, comme dans un rêve que je vis onduler de luxuriantes moissons. Je ne crus d'abord qu'à une obsédante hallucination des vibrations de l'air en feu qui m'enveloppait. Il fallut bien me rendre à l'évidence. Le cadre d'aridité et de désolation était resté le même. Mais, dans une légère dépression du sol, c'était bien un vaste champ de blé, dont les jaunes épis se dressaient innombrables, avec le bruissement familier des moissons mûrissantes. Ils surgissaient, évoqués, semblait-il, par quelque puissant magicien, tant s'affirmait le constrate de leur vigueur avec l'apparence inféconde du sol qui les avait nourris.

Certes, ce ne pouvait être par les savants procédés de la culture intensive qu'il fallait songer à expliquer ce contraste. Les fellah, dont la misérable mechta s'apercevait au loin, devaient être étrangers aux pratiques les plus élémentaires comme à la notion même de cette culture. A l'exemple de leurs aïeux, ils avaient dû se borner au superficiel grattage du soc de bois d'une charrue primitive, et, sans plus d'efforts et de soucis, s'en remettre à Allah, pour leur rendre au centuple le grain confié à la terre. Le laboureur arabe ignore tout autre procédé de culture. Depuis des siècles, le champ que je contemplais ne devait connaître ni labours, ni engrais, ni fumures. Pourtant, les promesses de sa récolte me semblaient comparables à celles des plus riches cultures que mon souvenir pût évoquer.

Il fallait donc qu'il eût dans son sein la source d'une inépuisable fécondité, ce sol qui prodiguait ainsi, de lui-même ce qu'on ne peut ailleurs obtenir qu'au prix des patients et coûteux efforts de la culture intensive. Le problème pouvait tenter un esprit observateur. Le vague de mes connaissances géologiques ne pouvait me permettre de l'envisager qu'avec l'étonnement qu'on éprouve en face de l'inexpliqué. Évidemment, ce n'est pas à mes yeux seuls qu'il a dû se présenter avec des allures d'irritant mystère.

Aujourd'hui ce problème n'est plus : le sol algérien a livré son secret. On sait désormais qu'il renferme les plus riches gisements de phosphate de chaux qui soient connus dans le monde entier. De l'est à l'ouest, et à un niveau géologique bien déterminé, l'Algérie entière, après la Tunisie du reste, se trouve traversée par une large bande de terrain de 70 à 80 kilomètres de largeur où, presque partout, le phosphate de chaux se rencontre en couches remarquables par leur teneur et leur étendue. Ce serait là, d'après l'hypothèse la plus vraisemblable, l'ancien rivage d'une mer du début de l'époque tertiaire, la mer de l'époque suessonnienne. Sur une immense plage, basse et marécageuse, le lent travail du flux et du reflux aurait trituré et mêlé les ossements d'innombrables générations de monstres disparus, principalement de sauriens gigantesques, à en juger par la dimension des dents et des vertèbres qu'on a pu retrouver. Peut-être aussi, la mer suessonienne contenait-elle, dissoutes dans ses eaux, de fortes proportions de phosphate de chaux, dont les dépôts successifs auraient encore augmenté la richesse des gisements qu'on rencontre aujourd'hui sur son ancien rivage. Quoi qu'il en soit, les quantités accumulées sont telles que, pendant des siècles, elles peuvent suffire à assurer la fécondité des cultures de céréales non seulement dans l'Algérie et la France, mais dans le monde entier. Si, comme celles qui l'ont précédée, notre civilisation doit sombrer et disparaître, ce ne sera pas, de longtemps du moins, dans les affres de la faim : l'Algérie tient en réserve de quoi singulièrement éclaircir le sombre avenir que Malthus a fait entrevoir à l'humanité.

Je ne veux pas abuser des chiffres. Il en faut cependant citer quelques-uns, pour donner une idée des richesses que recèle le sol algérien.

Sur un des points de la large bande de terrain que je signalais tout à l'heure, au nord-est de Tebessa et à quelques kilomètres de la frontière tunisienne, on a commencé l'exploitation de différents gîtes de phosphate, dont on peut, dès maintenant, présumer, avec quelque certitude, l'importance et l'étendue. Il y aurait là 300 à 400 millions de tonnes de dépôts phosphatés, se présentant dans des conditions qui en permettent l'exploitation industrielle. Les matériaux d'extraction contiennent en effet, jusqu'à 78 p. 100 de phosphate de chaux, teneur bien supérieure à celle des gisements qu'on a exploités en France, et comparable à celles des plus riches sables de la Floride. Or, si l'on songe à la valeur commerciale du phosphate de chaux, dont les cours actuels dépassent 40 francs la tonne, on est évidemment ébloui par la fantasmagorie des chiffres, quand il s'agit d'évaluer la somme totale des richesses enfouies dans le sol algérien.

Voilà les trésors dont l'utilisation naturelle permettait, après quinze siècles d'une culture ignorante et barbare, de retrouver parfois, dans les champs de l'antique Numidie, cette merveilleuse aptitude à la production des céréales qui, jadis, les avait fait considérer comme les greniers de Rome. Il suffisait de pluies appropriées pour que, dans certaines régions, l'action fertilisante de ses phosphates donnât au sol algérien tout ce qui lui aurait manqué, s'il avait dû le tenir de la sollicitude de ses habitants.

Evidemment, de semblables ressources méritaient mieux que cette utilisation naturelle. Elles sont aujourd'hui connues et, bien qu'elle n'en soit qu'à ses débuts, leur exploitation ouvre à l'Algérie un avenir dont il est difficile de contester les promesses et les espérances. Il me paraît, certes, de nature à calmer les inquiétudes et les appréhensions de tous ceux que préoccupait la crise si grave, traversée en ce moment par la colonisation algérienne. Dans une série d'articles publiés, l'an dernier, par un grand journal parisien, sous cette rubrique : *Le mal de l'Algérie*, un écrivain de talent avait su dépeindre cette crise avec une réalité trop saisissante pour ne point légitimer toutes les craintes. C'étaient les colons ramenés, par les déceptions de leurs entreprises viticoles, à la base de toute agriculture : l'élevage du bétail et la culture des céréales. Et dans quelles conditions ? Dans des conditions d'insuccès presque notoire. Aujourd'hui, et c'est là une vérité acquise, la culture des céréales ne peut être rémunératrice qu'à la condition d'être intensive, ce qui implique un judicieux emploi des fumures. Or, comment, en Algérie, se procurer ces fumures indispensables sans une augmentation notable du bétail algérien, et comment réaliser cette augmentation nécessaire dans un pays où la subsistance et, partant, la conservation du bétail se posent, chaque été, comme un problème inquiétant ?

Cet avenir assez sombre est éclairci désormais par la découverte des phosphates algériens ! Il est, en effet, inadmissible qu'on ne se préoccupe point de faciliter à tous ceux qui cultivent le sol algérien l'utilisation de ce merveilleux engrais, bien supérieur, pour la culture des céréales, aux fumures que peut donner le bétail. Que les colons de la Metidja et de la vallée du Chéliff, par exemple, aient, sans grands frais, la possibilité de l'amener et de le répandre dans leurs domaines, ils pourront se consoler des déboires de la viticulture et attendre patiemment que la découverte d'une plante fourragère, appropriée aux ardeurs du climat, leur permette de donner à l'élevage du bétail toute l'extension qu'il comporte dans un pays essentiellement agricole comme l'Algérie.

Mais, si intéressante qu'elle soit, l'utilisation locale des phosphates algériens semble peu de chose à côté des résultats qu'est susceptible de donner leur exploitation industrielle. Evidemment, cette exploitation ne peut être que successive. Si capable d'extension qu'on la suppose, la consommation agricole du phosphate de chaux est cependant limitée. Ce serait en avilir les cours que d'en jeter sur le marché des quantités trop grandes. D'autre part, il faudrait se garder d'oublier l'énorme mise en œuvre de capitaux que suppose l'exploitation normale et régulière des gisements de l'Algérie. A côté des chemins de fer à aménager ou à construire, il y a les ports eux-mêmes à organiser, comme ont su le faire les Américains dans la Floride. Il y a aussi les usines à établir, afin de traiter sur place les matériaux d'extraction dont la teneur ne serait point assez riche pour qu'on les puisse exporter tels quels. Ce n'est donc pas l'œuvre d'un jour, pas même d'un siècle, que l'exploitation industrielle des milliards de tonnes de phosphate que peut contenir le sol algérien. Il faut, du reste, s'en féliciter ;

car, ainsi comprise, cette exploitation est mieux qu'une cause brillante, mais passagère, d'enrichissement ; elle est pour l'Algérie, comme l'exploitation de la houille pour l'Angleterre et la Belgique, une source permanente de richesse et de prospérité.

Il est, enfin, un dernier point de vue qu'on ne saurait laisser dans l'ombre, alors qu'il s'agit de tirer des phosphates algériens tout le parti désirable : c'est le point de vue fiscal. Il n'est pas douteux, en effet, que le Trésor public soit en droit de compter sur l'industrie nouvelle qui s'ouvre en Algérie, pour y asseoir des ressources fiscales qu'il ne peut songer encore à demander à l'agriculture. Cela est d'autant plus légitime que l'Etat a un droit plus ou moins direct sur presque tous les territoires dans lesquels paraissent, jusqu'à présent, se localiser les gisements à exploiter. Il s'agit soit de terrains domaniaux, soit de terrains appartenant à des départements, à des communes ou à des *douars* (1), c'est-à-dire à des collectivités que l'Etat lui-même a dotées des propriétés dont elles sont aujourd'hui nanties. Dans ces conditions, peut-on contester au Trésor public la légitimité des prétentions qu'il voudrait émettre ? C'est bien le moins, que dans une large mesure, il soit appelé à prendre sa part dans les richesses d'un sol, dont la conquête lui à coûté tant de sacrifices.

C'est donc à un triple point de vue que la découverte des phosphates algériens apparaît riche d'espérances et de promesses. Mais il faut ajouter aussi que la réalisa-

(1) Les *douars* sont des collectivités indigènes présentant quelque analogie avec les sections de commune de notre droit administratif français.

tion de ces promesses et de ces espérances dépend, pour une très large part, des mesures que sauront prendre les pouvoirs publics, en vue de donner à l'exploitation qui commence la direction et les règles les plus propres à la favoriser.

Qu'a-t-on fait jusqu'ici dans cette intention ? Que se propose-t-on de faire ?

Telle est la double question qu'il me reste à examiner.

II

C'est au cours de l'année 1885, à Gafsa, en Tunisie, que, pour la première fois, M. Thomas signala de remarquables couches de phosphate de chaux. La découverte fit même, je crois, l'objet d'une communication à l'Académie des Sciences. Mais ce n'est point le retentissement qu'eurent la découverte et les communications de M. Thomas, qui devait faire naître la question des phosphates algériens. Bien qu'il eût insisté sur l'importance et la richesse des gisements qu'il avait relevés, bien qu'il eût indiqué que ces gisements devaient se continuer en Algérie, il ne sembla pas que, dès lors, on se soit douté de l'immense portée de sa découverte et qu'on ait songé à l'utiliser au point de vue industriel ou agricole. Il y eut bien, en 1888, aux environs de Tebessa, une tentative d'exploitation industrielle. Un M. Veckerley obtint de la commune mixte de Morsott la concession (1) d'un gisement de phosphate, et en commença

(1) Je parle ici de concession pour employer le terme généralement usité. Juridiquement, il est inexact, et il faudrait parler d'amodiation.

l'exploitation. Cette tentative ne fut pas heureuse : le gîte avait été mal choisi ; la teneur des phosphates n'était pas assez élevée pour que l'exploitation pût en être continuée avec profit : elle fut vite abandonnée.

Ce n'est que deux ou trois ans plus tard que la question des phosphates algériens devait se poser comme elle se pose aujourd'hui.

Il n'est pas sans intérêt d'indiquer, avec quelques détails, comment elle est entrée dans le domaine des faits qu'on ne discute plus. Elle le doit, en effet, à un étonnement analogue à celui que j'avais éprouvé moi-même aux environs de Boghari.

Mais, cette fois, les connaissances techniques de celui qui l'éprouvait lui permettaient d'expliquer et de conclure.

L'ingénieur ordinaire des ponts et chaussées, résidant à Guelma, était, en 1890, chargé de faire une route assurant les communications entre Tebessa et la commune de Morsott. A raison des difficultés que pouvait présenter l'établissement de cette route dans le pays montagneux qu'il fallait traverser, l'ingénieur jugea nécessaire de se rendre lui-même sur les lieux pour en arrêter le tracé. Il avait avec lui un conducteur des ponts et chaussées qui était en même temps agent voyer de la commune mixte de Morsott. En procédant aux opérations du tracé, il arriva à un endroit où de merveilleuses récoltes de céréales étaient encore sur pied. Leur aspect était tel que l'ingénieur en fut frappé. « Elles appartiennent sans doute à des colons de Tebessa ? dit-il à son conducteur. — Nullement, répondit celui-ci : elles sont à des indigènes de la commune mixte et nous nous trouvons sur des terrains collectifs de culture. — Mais alors ils doivent cultiver à l'européenne et avoir un outillage européen ? — Pas du tout, ils cultivent à l'arabe, se contentant de gratter la surface du sol et d'y jeter le grain. Et ce qui est encore plus surprenant, c'est que, dans ces parages, les lois de l'assolement ne sont point observées; tous les ans, de mémoire d'homme, les cultures se succèdent dans les mêmes endroits, et les rendements sont toujours prodigieux. — Il faut alors, dit l'ingénieur, qu'il y ait ici des engrais naturels d'une rare puissance. Quand vous ferez les travaux de la route, ne manquez pas d'ouvrir les yeux et d'examiner le terrain, vous trouverez certainement un riche gisement de phosphate de chaux. »

Une fois l'ingénieur parti, le conducteur se garda bien d'oublier ses recommandations. Au cours des travaux, son attention fut appelée sur un banc de pierre très friable, de couleur grisâtre, se nuançant parfois de vert ou de violet. Il en prit quelques morceaux et les porta chez un pharmacien pour les faire analyser. Ce dernier n'eut pas de peine à y constater d'énormes proportions de phosphate de chaux.

L'ingénieur ne s'était point trompé. Il semble que son conducteur aurait dû l'en aviser. Au lieu de le faire, ce dernier se rendit chez un courtier en grains et en alfa, de nationalité anglaise, qui faisait de grandes opérations dans la région de Tebessa. Il lui remit des échantillons, en l'engageant à voir si, en Angleterre, il ne trouverait pas des capitalistes pour exploiter un énorme gisement de phosphate de chaux. Homme d'affaires entreprenant et habile, ce courtier, un M. Crookstone, sut vite apprécier, à sa juste valeur, l'opération qu'on lui signalait. Il écrivit en Angleterre et envoya des échantillons : il y fit même plusieurs voyages et ne tarda pas à réunir les capitaux nécessaires à une vaste exploitation. Pendant ce temps, le conducteur faisait demander à la commune mixte de Morsott, dans les communaux de laquelle se trouvait le gisement qu'il avait relevé, la concession du droit d'exploiter ce gisement. La commission municipale (1) de Morsott accorda cette concession pour une durée de dix-huit ans, en fixant à 25 centimes par tonne la redevance que devrait payer le concessionnaire. Dès que l'approbation préfectorale eut rendu cette concession définitive, elle fut cédée par le concessionnaire à M. Crookstone, moyennant une redevance calculée d'après un tarif décroissant de 2 fr. 50 à 0 fr. 50 la tonne, mais avec la clause que le concessionnaire s'engageait à exploiter un minimum de 10.000 tonnes par an. On est aujourd'hui déjà bien loin de ce minimum : on prétend en effet que, cette année, l'extraction dépassera 500.000 tonnes. Or, avec les cours actuels des phosphates, c'est, pour l'exploitant, un bénéfice net de 15 à 20 francs par tonne. En admettant même quelque exagération dans les chiffres ci-dessus, il y a là une entreprise industrielle de premier ordre, dout les résultats peuvent être mis en balance avec ceux des plus riches mines d'or du Transvaal.

J'ai insisté sur les détails de cette première concession, car ils expliquent facilement les ardentes convoi-

(1) Dans les communes mixtes, la commission municipale est appelée à exercer les attributions du conseil municipal. Présidée par l'administrateur, elle est composée de colons et d'indigènes désignés par l'administration.

tises qui allaient s'allumer dans le département de Constantine. On ne tarda pas, en effet, dans un certain public, à connaître les conditions du traité qui avait été la conséquence de la concession accordée par la commune mixte de Morsott. On songea d'autant moins à les discuter que M. Crookstone, avec une initiative toute britannique, donna immédiatement à son exploitation le développement et les caractères d'une vaste entreprise industrielle. Dès lors, à Constantine, la « fièvre du phosphate » agita tous les esprits. La carte géologique de l'Algérie venait de paraître : on s'en disputa les exemplaires, afin d'y trouver l'indication des territoires susceptibles de renfermer les précieux gisements. Il n'est pas douteux qu'il y aurait eu là le point de départ d'une spéculation effrénée. On se fût disputé tous les terrains d'origine suessonienne. L'imagination aidant, les richesses à acquérir eussent pris toute l'importance et toute la réalité des richesses acquises. Bien des espoirs eussent été déçus, bien des ruines consommées.

Pour une fois, tout au moins, on doit rendre hommage aux inextricables complications de la législation foncière algérienne, puisqu'elles ont eu le mérite de rendre une pareille spéculation impossible. C'est, en effet, dans des territoires où la propriété privée n'est point encore constituée que se trouvent, presque exclusivement, les gisements à exploiter. L'État, les départements, les communes mixtes ou indigènes (1), les douars, tels étaient donc

(1) A côté des communes dites de plein exercice dont l'organisation est identique à celle des communes françaises, il y a, en Algérie, deux autres catégories de communes : les communes mixtes et les communes indigènes. Dans ces deux catégories de communes, l'élément indigène est en forte majorité. Les premières appartiennent au territoire civil;

les propriétaires en face desquels se trouvaient nécessairement les spéculateurs, c'est-à-dire autant de propriétaires qui ne peuvent aliéner, sans l'intervention de formalités administratives, longues et compliquées. La spéculation se trouvait ainsi arrêtée à sa source même.

Aussi bien, la seule voie à suivre paraissait indiquée. Il s'agissait d'obtenir des concessions analogues à celle qu'on avait accordée déjà. Les demandes affluèrent, soit à la commune mixte de Morsott, soit à la préfecture de Constantine. Mais, en présence des compétitions et des luttes qu'entraînait cette concurrence, la question ne pouvait rester une question purement locale. Le gouverneur général de l'Algérie en fut saisi. Comme on a pu le dire très justement, dans une discussion récente, celui-ci sut, en la circonstance, se montrer le digne représentant de la France et de l'administration française en Algérie. Comprenant de suite toute l'importance de la question, son premier soin fut d'interdire aux autorités locales de statuer désormais sur les demandes de concession qui leur seraient soumises. Il avait, sans doute, de bonnes raisons pour craindre que ces autorités n'apportassent point, à l'examen des demandes dont elles étaient saisies, toute l'impartialité et toute la compétence désirables. Il se préoccupait également de ne point laisser compromettre, par des décisions hâtives ou insuffisamment préparées, des richesses dont la bonne

elles sont administrées par des fonctionnaires placés sous l'autorité des préfets et des sous-préfets. Les secondes, situées en territoire militaire, sont encore administrées par des officiers de bureau arabe, sous l'autorité des généraux de division. A ce point de vue, ceux-ci relèvent, du reste, du gouverneur général et non du commandant en chef du 19e corps d'armée.

exploitation pouvait, au plus haut degré, intéresser les finances de l'État et la prospérité de la colonie, et il entendait, avant tout, étudier les moyens les plus propres à en tirer parti.

Si rapidement qu'elles eussent été dessaisies, les autorités locales avaient pu cependant accorder deux concessions nouvelles. L'une de ces concessions devait, comme la précédente, passer immédiatement entre les mains d'une société anglaise ; la dernière seule est restée aux mains d'une société française : la Société française des Phosphates de Tébessa.

Si j'insiste sur la nationalité des sociétés appelées à bénéficier des trois concessions accordées, c'est que, pendant longtemps, on paraît avoir considéré l'intervention des capitaux anglais, dans l'exploitation des gisements de Tébessa, comme un véritable crime de lèse patrie. C'était le thème favori des critiques qu'en Algérie, comme en France, on dirigeait contre l'administration algérienne, et je m'étonnerais, du reste, qu'on renonçât à s'en servir encore.

Certes, on ne peut que déplorer que des capitaux français n'aient point pris, à Tébessa, la place exclusive à laquelle ils auraient pu prétendre. Mais ce serait étrangement méconnaître les premiers besoins de l'Algérie que de détourner, on ne sait dans quel intérêt, les capitaux étrangers de s'y aventurer. Depuis quand, au contraire, ces capitaux n'auraient-ils point, sur le sol algérien, droit aux mêmes protections que les capitaux français ? Ne sont-ils point susceptibles de contribuer, aussi efficacement que ceux-ci, à la mise en valeur des richesses algériennes, et, à ce titre, ne méritent-ils point les mêmes encouragements et les mêmes faveurs ? La vérité oblige même à reconnaître que, jusqu'à présent, les capitaux anglais ont montré, pour les affaires algériennes, un empressement que sont loin d'avoir témoigné les capitaux français. L'exploitation de nombre de mines, celle de l'alfa, la recherche du pétrole, la construction du boulevard de la République à Alger, autant d'entreprises uniquement dues à l'initiative de capitalistes anglais. A Tébessa même, les sociétés anglaises, dont on incrimine l'ingérence, ont déjà consacré des millions à l'exploitation des gisements concédés. Dès maintenant, ceux-ci sont reliés par des voies ferrées à la ligne du Bone-Guelma, et, en définitive, si la question des phosphates algériens se pose comme elle se pose aujourd'hui, c'est, il faut bien le reconnaître, grâce à la hardiesse et à l'initiative dont a su faire preuve M. Crookstone. Les aurait-on, au même degré, rencontrées chez des capitalistes français ?

Dans ces conditions, est-il prudent, est-il sage d'inquiéter et d'éloigner de l'Algérie des capitaux susceptibles de lui rendre de tels services ? Ne s'exposerait-on point à de graves mécomptes, en considérant comme démontré que les capitaux français sont disposés à profiter du privilège qu'on semble vouloir leur réserver dans les affaires algériennes ? Aussi bien, ce ne sont point des critiques de ce genre qui auraient pu permettre de revenir sur les concessions en face desquelles on se trouve à Tébessa, et empêcher qu'on ne les considère comme autant de faits accomplis.

Mais telle n'est point peut-être l'impression qu'on éprouve, quand on examine ce qu'on pourrait appeler le côté intime des concessions incriminées, c'est-à-dire quand on se préoccupe de leur moralité et de leur légalité mêmes. Une interpellation récente, portée à la tribune du Sénat, vient de mettre en pleine lumière ce côté intime que, dans le public, on avait ignoré jusqu'ici.

Assurément, les détails du discours de M. Pauliat ne sont point de nature à diminuer les préventions dont l'honorable sénateur du Cher a déjà le privilège dans certains milieux de la colonie. Mais, en Algérie comme en France, les hommes impartiaux ne pourront que rendre hommage à la préoccupation évidente qui le domine lorsqu'il intervient dans les choses d'Algérie : la préoccupation d'y revendiquer les droits de la moralité publique.

De fait, l'exposé qu'il a su faire des conditions et des circonstances dans lesquelles ont été obtenues deux au moins des trois concessions de phosphate, actuellement exploitées à Tébessa, ne pouvait manquer de soulever l'indignation du Sénat. Il l'a soulevée tant et si bien que, lorsque le gouverneur général a pris la parole en qualité de commissaire du gouvernement, il a dû bien vite se rendre compte qu'on n'attendait guère autre chose de lui que des explications sur les irrégularités et les complaisances administratives dont le tableau suggestif venait d'être évoqué. C'est la même expérience qu'a dû faire le ministre de l'Intérieur qui lui a succédé à la tribune. Vainement ont-ils essayé, l'un et l'autre, d'amener le Sénat à admettre que, dans la question des phosphates de Tébessa, il y avait autre chose que des responsabilités à dégager et à poursuivre. Profondément impressionné par les faits que l'interpellateur venait de dénoncer à sa tribune, le Sénat, pour l'instant, n'entendait y voir que cela. Aussi, après le gouverneur général et comme lui, le ministre de l'Intérieur a-t-il été contraint de céder au courant d'indignation qui entraînait le Sénat tout entier. Il a dû promettre une enquête sur les faits dénoncés à la tribune ; il a dû s'engager à ne point hésiter devant les solutions qui lui paraîtraient imposées par les résultats de cette enquête. Or, ce sont là des conclusions que ne faisait guère pressentir le début de son discours et qui, manifestement, lui ont été dictées par l'attitude de l'assemblée qui l'écoutait.

Voilà donc, de par la volonté du Sénat, la question des phosphates de Tébessa entrée dane une phase *panamiste*. Je ne sais si l'enquête promise par le gouvernement permettra de relever et d'établir des fraudes assez caractérisées pour entraîner l'annulation des concessions attaquées. Il est peut-être permis d'en douter (1). Les enquêtes de ce genre n'aboutissent guère qu'à d'inutiles scandales ; et pour quelques coupables qu'elles atteignent, combien en laissent-elles échapper !

Quand, au contraire, sans s'attacher à la moralité des concessions, on se préoccupe uniquement de leur légalité même, il est permis d'envisager des résultats plus précis et plus certains.

(1) Une première enquête, ordonnée par le gouverneur général, n'a donné aucun résultat. Faut-il s'en étonner puisqu'il s'agissait surtout, pour les enquêteurs, d'apprécier et de dégager les motifs qui avaient dicté la conduite administrative de tel ou tel fonctionnaire ? A moins de circonstances spéciales et déterminantes, on ne peut guère supposer une question de ce genre résolue avec une certitude dictant des conclusions précises. En l'espèce, tout ce qu'ont pu dire les enquêteurs désignés par le gouverneur général, c'est que rien ne leur permettait de nier, pas plus que d'affirmer, les responsabilités mises en cause.

Comme l'a très bien indiqué M. Cambon, les questions algériennes sont si variées et si complexes qu'elles ne se présentent pas toujours avec une netteté parfaite aux yeux des autorités administratives appelées à les trancher. Il en résulte que celles-ci se peuvent aisément méprendre sur la voie légale dans laquelle il convient d'entrer pour les résoudre. Tel paraît avoir été le cas pour les concessions de Tébessa. Sans doute, de par la jurisprudence administrative établie dans la métropole, il fallait bien, nous l'expliquerons, voir de simples carrières dans les exploitations dont il s'agissait. Mais, partant de ce point de départ que les gisements à exploiter se trouvaient dans des communaux appartenant à la commune mixte de Morsott, la préfecture de Constantine a pensé que la délivrance des concessions demandées se présentait comme une question purement communale. En conséquence, elle a estimé que, sauf son approbation ultérieure, c'était à la commission municipale qu'il appartenait de statuer (1).

Or, il est aujourd'hui démontré que les terrains, contenant les gisements concédés, ne sont nullement des communaux dépendant de la commune mixte de Morsott, mais bien des territoires de parcours appartenant à des douars rattachés à cette commune. Dans ces conditions, la voie légale à suivre, pour l'obtention des concessions, était sensiblement différente. Il eût fallu réunir et consulter la *djema* (2) du douar intéressé. En outre, les con-

(1) J'ai déjà indiqué que, dans les communes mixtes, la commission municipale remplace le conseil municipal.

(2) La *djema* joue, dans les douars, le rôle que les commissions syndicales sont parfois appelées à jouer dans les sections de commune en France. Elle comprend l'adjoint indigène ou caïd et huit à douze notables indigènes désignés par l'administration.

cessions ne pouvaient devenir définitives sans l'intervention du gouverneur général ou, dans certains cas, du chef de l'État lui-même (1).

Je n'insiste pas davantage sur ces questions de légalité pure. Elles seront débattues, sans doute, devant les tribunaux compétents (2). J'en ai dit assez pour indiquer que, même en considérant comme désirable l'annulation ou tout au moins la revision des concessions accordées, mieux eût valu peut-être s'en tenir uniquement à une critique sévère de leur légalité. On n'eût pas, à coup sûr, inutilement déchaîné les scandales, les suspicions et les haines qu'on va nécessairement soulever dans la voie où l'indignation du Sénat semble avoir engagé le gouvernement.

Au reste, à quelque point de vue qu'elle parût s'imposer, l'annulation des concessions ne pourrait être prononcée sans qu'on se préoccupât de sauvegarder les intérêts légitimes de tous ceux qui ont dû croire à la régularité des titres, sur la foi desquels ils ont apporté à l'Algérie le concours de leur industrie et de leurs capitaux. C'est là un point qui ne saurait faire question. Il y va du bon renom de l'Algérie et de la France elle-même.

III

Nous avons dressé le bilan du passé. L'impression qui se dégage des faits, c'est que l'administration s'est mon-

(1) Voyez, sur tous ces points, les articles 17 et suivants du décret du 23 mai 1863.

(2) Le procès, qui me semblait probable au moment ou j'écrivais cet article, a été effectivement intenté depuis. La Cour d'appel d'Alger en est actuellement saisie.

trée impuissante à défendre les intérêts généraux dans une lutte où les intérêts particuliers apportaient tant d'âpres convoitises. Mais il faut bien reconnaître que la législation existante ne lui fournissait peut-être pas des armes suffisantes. Si elle avait pu considérer les exploitations de phosphate comme des exploitations minières, certes les armes ne lui eussent point manqué. De bonne foi, on ne saurait lui reprocher de ne pas s'en être tenue à cette manière de voir. A vrai dire, celle-ci semble parfaitement conciliable avec les textes mêmes de notre législation minière. La loi organique des mines (1) laisse au chef de l'État le soin de fixer souverainement le caractère et, partant, le régime, qui conviennent à une exploitation ; c'est à lui, et à lui seul, qu'il appartient légalement de résoudre la question de savoir si telle exploitation doit rester dans la classe des carrières ou passer dans celle des mines (2).

(1) La loi du 21 avril 1810.

(2) Il n'est pas sans intérêt d'indiquer qu'à propos même des exploitations de phosphate de chaux, le principe a été très nettement affirmé par le Conseil d'État. Un sieur A... avait formé une demande en concession de mine, relative à l'exploitation d'un gisement de phosphate de chaux qu'il avait découvert. Transmise au ministre des Travaux publics, cette demande fut rejetée par celui-ci à raison de ce motif que le phosphate de chaux n'est point une substance concessible. Cette décision, manifestement dictée par la jurisprudence du service des mines, fut frappée d'un recours pour excès de pouvoir devant le Conseil d'État. Celui-ci, par arrêt du 24 janvier 1872, n'hésita point à annuler la décision qu'on lui déférait. Voici les considérants de son arrêt :

« Vu la loi du 21 avril 1810 ; — considérant qu'aux termes de l'article 28 de cette loi, il doit être statué sur les demandes en concession de mines par décret rendu en Conseil d'État ; qu'il suit de là que c'est à la même autorité, prononçant dans les mêmes formes, qu'il appartient d'accorder ou de refuser une concession, après avoir apprécié toutes les circonstances de l'affaire et notamment la question de savoir si la substance dont la concession est demandée rentre dans la catégo-

Au point de vue purement légal, la question pouvait donc sembler entière en ce qui concerne les exploitations de Tébessa.

Mais, dès qu'on ne se borne point au simple examen des textes, on est vite convaincu que l'administration locale ne pouvait songer à l'application du régime des mines. Depuis longtemps, en effet, la jurisprudence du service compétent a précisé les règles que le législateur n'avait point cru devoir fixer. En fait, c'est aujourd'hui cette jurisprudence qui fait la loi, puisque c'est elle qui règle l'application de celle-ci. Or, de par cette jurisprudence, le phosphate de chaux ne figure point dans les substances dont l'exploitation doit être soumise à la législation des mines, et, partant, les exploitations qui en sont faites ne sont et ne peuvent être que de simples carrières.

Dans ces conditions, l'administration locale ne pouvait guère songer à appliquer aux exploitations de Tébessa une autre législation que celle des carrières.

Mais il faut évidemment reconnaître que l'application du régime des mines eût présenté d'incontestables avantages ; il eût, à coup sûr, rendu impossibles les faits regrettables que M. Pauliat a pu dénoncer à la tribune du Sénat. Le régime des mines, c'est en effet l'État choisissant librement ses concessionnaires et pouvant, par suite, exclure tous ceux qui ne lui paraissent pas présen-

rie des substances concessibles ; — qu'en conséquence, en rejetant la demande de concession formée par le sieur A... le ministre des Travaux publics a excédé ses pouvoirs ; — Art. 1. Est annulée, pour excès de pouvoir, la décision, en date du 13 janvier 1870, par laquelle le ministre des Travaux publics a rejeté la demande en concession d'un gite de phosphate de chaux formée par le sieur A... »

ter les garanties désirables. C'est l'exploitation exercée sous la surveillance de l'administration, dans les conditions et avec toutes les réserves qu'il plaît à l'État d'imposer dans l'acte de concession, mais, en même temps, avec toutes les facilités que la législation des mines donne aux concessionnaires pour tirer parti des richesses concédées. Le régime des carrières, c'est, au contraire, le propriétaire de la surface conservant tous ses droits, libre, par suite, d'exploiter à sa guise, par lui-même ou par ses ayants cause, tous les gisements que ses terrains peuvent contenir, sans que l'administration ait à intervenir autrement que dans l'intérêt de la sécurité publique.

Aussi s'explique-t-on très bien que, dans l'intention d'assurer la bonne exploitation des phosphates algériens, le gouverneur général ait cru devoir proposer au gouvernement de les soumettre au régime des mines, sauf à ne consentir que des concessions temporaires. Il est à croire que le service des mines a eu de bonnes raisons à opposer à cette proposition. Elle a dû être abandonnée.

Il était cependant impossible de s'en tenir à l'application pure et simple du régime des carrières Puisqu'on ne voulait point du régime des mines, la nécessité d'une réglementation spéciale s'imposait. C'est ce qu'a su comprendre le gouvernement. En vue de faire préciser les règles qui devaient constituer la réglementation nouvelle, il a fait appel à la compétence et aux lumières d'une commission interministérielle. Il l'a composée de manière à assurer à tous les intérêts engagés la représentation d'une indiscutable autorité (1).

(1) Cette commission comprenait :

Pour le ministère de l'Intérieur, MM. Cambon, gouverneur de l'Al-

Réunie à Paris, sous la présidence du gouverneur général de l'Algérie, cette commission a aujourd'hui terminé ses travaux.

Il ne semble pas qu'elle ait consacré de longues séances à discuter la question de savoir si l'exploitation des phosphates algériens devait être soumise au régime des mines. Tenant pour acquise la solution que le service des mines lui présentait comme seule acceptable (1), elle paraît s'être uniquement préoccupée des modifications qu'il convenait d'apporter au régime des carrières, pour assurer la bonne exploitation des phosphates algériens, prévenir le retour des scandales du passé, et sauvegarder, enfin, les légitimes intérêts du trésor public. Tel est,

gérie : Mastier, directeur des affaires départementales et communales ; Brouillet, chef du service de l'Algérie ;

Pour le ministère des finances, MM. Pallain, directeur général des douanes, et Yuarnier, directeur général de la comptabilité publique ;

Pour le ministère des Affaires étrangères, MM. Bompard, directeur des affaires commerciales et consulaires ; Pavillier, directeur des travaux publics de la régence de-Tunis ;

Pour le ministère du Commerce, M. Chandèze, directeur du commerce extérieur ;

Pour le ministère de l'Agriculture, M. Tisserand, directeur de l'agriculture ;

Pour le ministère des Travaux publics, MM. Guillain, directeur des routes, de la navigation et des mines ; Linder, président du conseil général des mines ; Aguillon, inspecteur général des mines.

La Commission avait pour secrétaires-adjoints, avec voix consultative : MM. Bellom, ingénieur des mines, et Thiébault, attaché au cabinet du gouverneur général.

(1) D'après une parole autorisée, celle de M. Aguillon, inspecteur général des mines et rapporteur de la commission interministérielle : « Le classement du phosphate de chaux dans les carrières, et surtout du phosphate de chaux en couches comme celles de l'Algérie, découle du principe qui, dans aucun temps ni aucun pays, n'a permis de séparer de la propriété superficiaire les substances minérales du tréfonds ne constituant que de simples amendements pour la culture des terres..... »

en effet, le triple but des dispositions contenues dans le projet de décret qu'elle présente à l'agrément du chef de l'Etat.

La réglementation dont elle demande l'adoption parait, de prime abord, singulièrement compliquée, plus compliquée, assurément, que ne l'eût été l'adoption pure et simple du régime des mines. Mais c'est là une critique de pure forme, sur laquelle il ne convient guère d'insister, car, en passant à l'examen du fond même de la réglementation, on est vite convaincu de l'utilité, de l'efficacité de ses dispositions.

Et en effet, tout en maintenant les exploitations de phosphate dans la classe des carrières, elle procure, en définitive, tous les avantages et toutes les garanties qu'on pouvait désirer en réclamant l'établissement du régime des mines. La raison en est simple autant que décisive. Elle réside tout entière dans la situation géographique des territoires où, jusqu'à présent du moins, paraissent localisés les gisements à exploiter. Eloignés du littoral, ces territoires n'ont point encore été atteints par la colonisation européenne, et la propriété privée ne s'y rencontre guère. Les seuls propriétaires en face desquels on se trouve, sont ou l'Etat lui-même, ou des collectivités qui, plus ou moins directement, dépendent de lui, des départements, des communes, des douars. C'est assez de cette circonstance pour que, sans créer un régime apportant des restrictions graves à la propriété privée, on ait pu rigoureusement déterminer les conditions d'ouverture et d'exploitation des carrières de phosphate, et réserver, à l'administration, des prérogatives de surveillance et de contrôle non moins importantes que celles dont le régime des mines aurait pu la doter. Il a suffi de rappeler et d'appliquer, en les appropriant aux circonstances, les principes qui, dans notre droit administratif français, règlent et dominent la gestion des différentes propriétés publiques.

C'est ainsi que l'amodiation par voie d'adjudication publique devient la règle absolue pour toute exploitation de phosphate, entreprise dans des terrains dépendant de l'administration, à quelque titre que ce soit.

C'est ainsi également que chaque adjudication donne lieu à la rédaction d'un cahier des charges déterminant, à peine de déchéance, les conditions dans lesquelles les exploitations doivent être commencées et poursuivies.

Divisé en 4 titres, entre lesquels sont répartis les 15 articles dont il se compose, le projet consacre un titre premier à l'établissement des règles qui devront présider et à l'adjudication et à la rédaction du cahier des charges, quand il s'agira de l'exploitation de gîtes situés dans des terrains appartenant à l'État.

Les titres II et III du projet envisagent l'exploitation des gisements situés, soit dans des propriétés départementales ou communales, soit dans des terrains communaux de douar ou relevant du droit musulman. Ils précisent les modifications qui, dans ces différentes hypothèses, devront être apportées aux règles du titre premier.

Enfin, dans un titre IV, le projet établit, à titre de dispositions générales :

1° Certaines servitudes destinées à faciliter l'exploitation des carrières de phosphate ;

2° La quotité du droit que le Trésor public sera autorisé à exiger et à percevoir par tonne de phosphate, marchand et prêt pour la vente, extrait en Algérie.

Je n'insiste pas autrement sur les détails d'une réglementation qui n'existe encore qu'à l'état de simple projet. Qu'il me suffise de constater que son application est de nature à favoriser singulièrement la formation et le développement d'entreprises viables, prospères et profitables à l'intérêt de tous. En la promulguant, les pouvoirs publics s'acquitteront, un peu tardivement peut-être, mais utilement à coup sûr, de la tâche nécessaire qui leur incombait dans la conservation et l'utilisation de richesses qu'on ne saurait laisser gaspiller sans nuire gravement aux intérêts de l'Algérie et de la France même (1).

(1) Le projet, dont nous parlons ci-dessus, est devenu le décret du 12 octobre 1895. Toutefois le régime que créait ce décret n'a pas paru présenter toutes les garanties désirables. Dès le 20 janvier 1896, le ministre des travaux publics prenait l'initiative d'un projet de loi qui réglementait à nouveau l'exploitation des phosphates de chaux en Algérie. Depuis, le gouvernement a renoncé à poursuivre la discussion et le vote de ce projet. Il a préféré réglementer lui-même par décret ce qu'il avait paru vouloir faire régler par le législateur lui-même, et, le 25 mars 1898, a été promulgué un décret qui, portant abrogation du décret du 12 octobre 1895, réglemente d'une façon complète le régime des gisements de phosphate de chaux en Algérie.

L'élevage du Mouton

en Algérie

I

Il y a cinq ou six ans, j'étais allé passer quelques jours à Hamman-R'hira, dans le superbe établissement à la construction duquel un Lyonnais, M. Arlès-Dufour, a consacré sa fortune. J'y fis la rencontre d'un grand industriel belge, qui, séduit par les splendeurs de ce site admirable, s'y attardait depuis quelques semaines. Après avoir parcouru nos trois départements algériens, il revenait émerveillé des ressources qu'une colonisation intelligente pouvait tirer de l'Algérie. Grand fabricant de draps, il s'était plus spécialement attaché à la question de l'élevage des bêtes à laine. Je l'entends encore me répéter : « Vous avez, en Algérie les plus beaux pâturages qui soient pour l'élevage du mouton, et c'est par millions d'hectares qu'on les compte. De toute la région des plus hauts plateaux, à peine utilisée aujourd'hui, vous pourriez faire un immense parc à moutons et, dans quelques années, j'estime que vous seriez, en Europe, les maîtres du marché des laines. Songez-y donc, vous êtes presque en Europe, et c'est dans l'Australie et la Nouvelle-Zélande que l'Angleterre doit aller chercher les laines, dont elle approvisionne l'industrie européenne. »

Il y avait peut-être, dans les paroles de mon interlocuteur, quelque chose de la griserie de grand air et de soleil qu'il rapportait de ses trois mois de libre pérégrination. Mais il ne m'était pas permis de mettre en doute sa compétence et moins encore la conviction qui l'animait.

Faire des hauts plateaux de l'Algérie un immense parc à moutons, certes la perspective est de celles qu'on ne peut envisager sans être frappé de l'avenir qu'elle ouvre à la colonisation algérienne. C'est, en effet, à la fois comme éclaireur de la prospérité agricole, comme producteur de laine et comme bête de boucherie que le mouton peut être considéré. A ce triple point de vue, la multiplication de sa population ovine serait, pour l'Algérie, la source d'un enrichissement indéfini.

Et d'abord que, dans ce pays, le mouton puisse rendre au sol sa fécondité épuisée, cela ne saurait faire question. Il suffit, pour s'en convaincre, de parcourir les territoires qu'ensemence l'indigène, après le superficiel grattage de sa charrue primitive. C'est partout le même aspect. De maigres et chétives cultures qui se sèment, par places, de luxuriantes moissons. Celles-ci marquent l'emplacement des *mechta* où, pendant les saisons précédentes, les indigènes ont groupé leurs troupeaux. Le jour où, par masses profondes, les moutons auraient, pendant quelques années, pâturé les hauts plateaux algériens, ceux-ci ne manqueraient pas de retrouver leur antique fécondité. C'est là, il est vrai, une entreprise à longue échéance, peu susceptible, par elle-même, de séduire et d'inciter les initiatives. Mais combien elle apparaît vite de réalisation simple et naturelle, quand on ne voit plus en elle que la conséquence des profits immédiats de l'élevage des moutons, envisagés comme producteurs de laine et comme bêtes de boucherie !

Ce que peut, en Algérie, donner le mouton, considéré uniquement comme producteur de laine, semble particulièrement séduisant et gros de promesses. Aujourd'hui c'est à l'Australie et à la Nouvelle-Zélande que la France demande presque toutes les laines nécessaires à ses industries textiles. Je ne veux pas m'appesantir sur les conséquences de cet état de choses. Elles apparaissent significatives, pour peu qu'on veuille prêter attention à certains documents, aussi instructifs que désolants parfois à consulter. Je veux parler des rapports de nos agents consulaires à l'étranger. Voici, par exemple, un rapport adressé à l'administration des douanes par un consul général de France, M. Déjardin. Ce rapport est relatif au mouvement commercial de l'an dernier, entre la France et la colonie australienne de Victoria. Nos importations dans le pays n'atteignent pas un million de francs, exactement 937.500 fr. Nos exportations s'élèvent, au contraire, à près de 24 millions de francs. Elles consistent à peu près exclusivement en laines et peaux, c'est-à-dire autant de marchandises qui, d'après notre tarif douanier, sont exemptes de tout droit d'entrée.

Voilà donc près de 23 millions de francs qui, chaque année, sortent de France et, sans compensation aucune, vont enrichir les riches éleveurs australiens. Espérer le développement de notre commerce d'importation dans la colonie ne serait du reste qu'un leurre. C'est naturellement à l'Angleterre qu'elle s'adresse pour les produits manufacturés dont elle a besoin.

Cette navrante disproportion entre notre exportation et notre importation ne s'accuse pas seulement dans nos rapports commerciaux avec la colonie de Victoria. Elle reste la règle identique qui caractérise le mouvement commercial, établi entre notre pays et les autres colonies anglaises de l'Australie et de la Nouvelle-Zélande. Ce sont là des constatations désolantes. Elles suffisent à indiquer l'avenir qui serait ouvert à l'Algérie le jour où, non seulement sur les marchés français, mais sur les marchés de l'Europe, ses laines pourraient disputer aux laines australiennes le monopole de fait, que celles-ci doivent surtout à l'initiative et à la persévérante énergie de la race anglo-saxonne.

Enfin, à l'envisager uniquement comme bête de boucherie, le mouton serait encore, pour l'Algérie, la source d'immenses profits Là encore, il ne s'agit pas d'apporter dans la Métropole une concurrence redoutable pour les éleveurs français. Il s'agit d'enlever aux étrangers une place qu'ils usurpent sur nos marchés, si l'Algérie peut y prétendre et l'occuper. Or il est manifeste que les besoins de la consommation sont, en France, hors de proportion avec les ressources de l'élevage. Paris, à lui seul, dans ses deux marchés, consomme par semaine plus de quarante mille moutons. C'est vingt mille à peine que lui peuvent fournir les éleveurs français. Tout le reste doit venir du dehors. De là, ces interminables convois de moutons allemands et hongrois qui, à Avricourt, franchissent la frontière française. De là, ces grands navires déversant, à Marseille, des flots pressés de moutons, qu'ils vont puiser dans les steppes de la Russie méridionale. N'est-ce point déplorable si l'Algérie peut, à elle seule, nourrir et exporter tous les moutons nécessaires à la consommation française ?

Ainsi, à quelque point de vue qu'on l'envisage, l'élevage du mouton, en Algérie, apparaît comme une entreprise grosse de promesses et de profits. Peut-on le tenter dans des conditions de nature à solliciter les initiatives et à séduire les capitaux ? Les hauts plateaux de l'Algérie peuvent-ils nourrir des moutons susceptibles de fournir des laines, de donner une chair répondant aux exigences de la consommation française ? Là est actuellement toute la question, car les besoins de la consommation sont tels qu'on ne peut assigner à la production d'autres limites que la qualité même des produits. Si la réponse peut être affirmative, n'est-ce point pitié de songer que la question se pose encore ? Quoi qu'il en soit, cette question est aujourd'hui posée, et ce n'est pas en vain, je l'espère, qu'on appellera sur elle l'attention de l'opinion publique.

Il y a dix-huit ans, je voyais partir pour la Nouvelle-Zélande trois de mes camarades d'études. C'étaient trois frères, appartenant à une famille qui comptait treize enfants. Leur père, grand industriel de la Loire, venait de mourir, laissant à chacun de ses héritiers un patrimoine de 200.000 fr. S'en remettant à leurs aînés du soin de continuer l'exploitation de l'usine paternelle, mes camarades étaient allés en Angleterre se perfectionner dans la pratique de la langue anglaise. C'est de là que, séduits par ce qu'ils entendaient dire des résultats de l'élevage du mouton en Nouvelle-Zélande, ils sont allés porter à cette île lointaine le bénéfice de leur énergie et de leurs capitaux. On m'a dit depuis qu'ils avaient réussi. Mais auraient-ils songé à une semblable expatriation, s'ils avaient su qu'aux portes de la France, l'Algérie ouvrait à l'entreprise qui tentait leur activité, un champ non moins vaste et non moins fécond ? Dans tous les cas, il ne faudrait plus qu'en France, leur exemple trouvât des imitateurs, ignorant, comme eux, que, dans une terre française, l'élevage du mouton peut être tenté avec d'indiscutables chances de succès.

II

Si le problème de l'élevage du mouton se posait en Algérie, comme il s'est posé pour les Anglais dans l'Australie et la Nouvelle-Zélande, il n'y soulèverait pas peut-être toutes les difficultés dont il se complique. Il consisterait, en effet, presque exclusivement, à acclimater un type de moutons, dont la laine et la chair correspondraient, aussi exactement que possible, aux besoins de la consommation française.

Que les pâturages algériens puissent nourrir des moutons qui ne le céderaient en rien aux moutons australiens ou néo-zélandais, cela n'est pas douteux. Jadis les Romains ne purent-ils point acclimater en Algérie, ces fameux moutons de Tarente, dont les étalons se payaient jusqu'à cinq et six mille francs de notre monnaie! C'est aux races dont les moutons de Tarente firent souche en Algérie qu'on attribue l'origine des mérinos. Ce sont, à coup sûr, des moutons algériens, introduits en Espagne par les Maures, qui sont les ancêtres du mérinos espagnol. Aussi tous les gens compétents n'hésitent point à croire qu'il serait non seulement possible, mais facile de ramener la race mérine à son pays d'origine. Sans doute, ce ne sont pas toutes les variétés de cette race qui pourraient s'acclimater et prospérer dans les hauts plateaux algériens. Il semble, par exemple, que, sous l'influence d'un climat nouveau et d'une nourriture différente, le mérinos de Rambouillet, importé en Algérie, y perde vite la plupart de ses qualités. Il en est tout autrement du mérinos amené d'Espagne ou choisi dans les garrigues de la Crau. Loin de dépérir en Algérie, ces variétés paraissent éminemment aptes à y prospérer. Les quelques essais qu'on a faits, jusqu'à ce jour, tendent à démontrer qu'on arriverait vite, par l'importation de béliers choisis, à relever la taille des moutons algériens, à améliorer notablement leur viande et leur laine.

Malheureusement, en Algérie, la question de l'élevage du mouton ne se réduit pas au choix d'un type également apte à y prospérer et à répondre comme viande et comme laine aux besoins de la consommation française. A côté des solutions que commanderaient la raison et l'expérience, il y a ici, comme dans tous les problèmes algériens, celles qu'impose un état de choses préexistant, dès longtemps établi.

L'élevage du mouton n'est pas une entreprise nouvelle à créer de toutes pièces en Algérie. Abandonné depuis des siècles à l'incurie des indigènes, dénué de toute préoccupation d'amélioration ou de sélection, cet élevage s'y poursuit, résultat d'accouplements de hasard, dont la fécondité doit plus à la bienveillance d'Allah qu'aux soins des pasteurs primitifs appelés à y présider. Si dégénéré qu'il soit, le troupeau algérien n'en existe pas moins : 10 à 12 millions de moutons sillonnent déjà les pâturages de l'Algérie. Ils constituent assurément une des ressources les plus importantes de la population indigène, presque l'unique richesse des nomades. C'est assez dire que la question de l'élevage du mouton, en Algérie, ne saurait comporter de solutions, cherchées en dehors de l'utilisation et de l'amélioration de ce qui existe déjà. Assurément, envisagé ainsi, le problème est complexe : la solution n'est point cependant de celles dont on doive désespérer.

Le pays du mouton, c'est actuellement, en Algérie, une large bande de territoires qui joint aux parties septentrionales du Sahara toute la ligne des hautes plaines du Sud algérien, plus communément désignées sous le nom de hauts plataux. C'est là, pour les troupeaux, une aire immense de migration que, chaque année, ils parcourent alternativement en sens inverse, du Sud au Nord et du Nord au Midi.

L'exode vers le Nord correspond à deux causes également déterminantes. C'est d'abord la baisse ou la disparition totale, pendant la saison chaude, des gîtes d'eau et des pâturages dans les régions extrêmes du Sud. Ce sont, en second lieu, les besoins économiques et commerciaux des populations nomades, c'est-à-dire l'échange de leurs produits, principalement les moutons et les laines, contre les produits du Nord, les céréales, les tissus, les épices. L'exode vers le Sud s'impose par la nécessité d'assurer aux troupaux des pâturages à l'abri des neiges, qui, bien souvent, pendant l'hiver, recouvrent toute la région des hauts plateaux.

Ce mouvement annuel n'est pas absolument régulier. Son époque, sa rapidité dépendent des conditions mêmes qui le déterminent. La montée vers le Nord ne commence qu'en mars, si l'année, tardivement pluvieuse, a conservé dans le Sud des gîtes d'eau et des pâturages. La descente au Sahara débute en septembre, si des pluies d'automne ont prématurément reverdi les plaines du Sud : parfois, dans les étés secs et prolongés, elle ne s'accentue qu'en octobre ou même en novembre.

Il y a là un état de fait, imposé sans doute par des nécessités impérieuses, réglé, en tout cas, par des habitudes séculaires. Il est impossible de n'en point tenir compte, dès qu'on se préoccupe du choix des solutions à adopter et de la ligne de conduite à suivre en vue :

1° D'augmenter le troupeau algérien ;

2° De l'améliorer ;

3° D'en faciliter et d'en assurer l'exportation en France ou même à l'étranger.

Qu'a-t-on fait ? Que se propose-t-on de faire à ce triple effet ? C'est ce que je me propose d'indiquer sommairement.

L'augmentation du troupeau algérien dépend, à peu près exclusivement, du développement des ressources du pays en pâturages et surtout en eau. L'étendue des pâturages suffirait aisément à un troupeau vingt fois plus considérable que le troupau actuel. Ce n'est point de là que vient la difficulté. Le manque d'eau, tel est l'insurmontable obstacle qui s'oppose à l'augmentation rapide de la population ovine. C'est parce qu'ils manquent de gîtes d'eau que d'immenses pâturages sont inutilisés et déserts. Si grande que soit son endurance à la soif, il faut, même au printemps, que le mouton algérien boive au moins tous les deux ou trois jours. A en croire les indigènes, il pourrait cependant résister à la soif pendant près d'un mois. Comme l'endurance indéfinie du chameau, cette estimation fait partie d'un ensemble de légendes, destinées, sans doute, à nous laisser ignorer l'existence de gîtes d'eau, dans des régions que les indigènes nous rendent inaccessibles par le réputation d'aridité dont ils les entourent.

L'aménagement et la multiplication des points d'eau, telle est donc la condition absolue de l'accroissement du troupeau algérien. Elle seule lui ouvrira tous les pâtu rages dont il a besoin pour se décupler. Dans son remarquable rapport sur le budget algérien de 1892, le regretté Burdeau signalait déjà la question. Il rappelait une note, justement réputée, par laquelle MM. Pomel et Pouyanne avaient établi que des dépenses infimes permettraient de maintenir des points d'eau dans nombre de pâturages actuellement désertés. Il suffirait d'un aménagement rudimentaire des r'dirs, ou cuvettes naturelles, dans lesquelles l'eau de pluie s'amasse et se conserve, tant que les ardeurs du soleil ne l'ont point vaporisée. La garniture en maçonnerie légère ou en ciment de certains bas-fonds perméables, l'établissement sur des perches d'une couverture en alfa, aisée à entretenir et à renouveler, la pose de quelques tuyaux en poterie, conduisant l'eau à des abreuvoirs où les troupaux la boiraient sans la piétiner et l'infecter, telles sont, en effet, les seules conditions que MM. Pomel et Pouyanne jugent indispensables à la conservation de points d'eau, dans d'immenses pâturages dont la soif chasse les troupeaux. Aussi l'éminent rapporteur du budget de 1892 regrettait-il que, dans les budgets antérieurs, on ne se fût pas préoccupé d'allouer des crédits autorisant la poursuite et l'exécution d'un plan d'ensemble pour l'aménagement des eaux nécessaires à l'alimentation des troupeaux dans les hauts plateaux de l'Algérie.

Les études préliminaires que nécessitait ce plan d'ensemble sont aujourd'hui terminées. Commencées en 1891, elles ont été poursuivies méthodiquement pendant plus de deux ans. La haute administration algérienne a procédé à une vaste enquête. Les renseignements qu'elle a recueillis ont été groupés et coordonnés dans un volume publié par elle sous ce titre : *le Pays du mouton*. La publication est aussi précise que complète. Les états dont elle se compose, divisés en treize colonnes, énumèrent, pour chaque cercle (1), les noms des tribus et des fractions de tribu qui en parcourent les territoires, l'importance numérique de leurs troupeaux, l'itinéraire de leur migration annuelle, tant à l'aller qu'au retour, les points d'eau semés sur la route, la nomenclature des arbustes et des plantes dont se composent les pâtures. Aussi l'administration sait-elle aujourd'hui où

(1) On désigne sous ce nom certaines circonscriptions du territoire militaire en Algérie. A la tête de chacune d'elles est placé un officier de bureau arabe qui porte le titre de commandant supérieur.

et comment elle doit établir les points d'eau, indispensables à l'utilisation de tous les pâturages algériens. Ici, il faut se contenter d'aménager des r'dirs ou des barrages ; là, on peut capter des sources et construire des citernes ; ailleurs, on doit creuser des puits ordinaires ou, par un puits artésien, utiliser une nappe souterraine facilement accessible.

Grâce aux crédits qu'elle a obtenus des pouvoirs publics, l'administration a déjà, sur différents points, commencé l'exécution du plan d'ensemble qu'elle a conçu. Les comptes rendus annuels, fournis par le gouvernement général de l'Algérie au Conseil supérieur, permettent de se rendre compte des travaux exécutés ou entrepris depuis 1892. Malheureusement, le chiffre du crédit annuel alloué à l'administration ne lui permet point de poursuivre rapidement son œuvre (1). A l'heure actuelle, cependant, des résultats importants sont déjà obtenus, dans chacun des trois départements d'Alger, de Constantine et d'Oran. Ce ne sont encore que des jalons dessinant le plan d'ensemble. L'achèvement de celui-ci ouvrira aux troupeaux des millions d'hectares de pâturages qui, faute d'eau, restent encore inutilisés et inaccessibles.

Il faut reconnaître que l'administration ne saurait travailler, d'une manière plus intelligente et plus féconde, au décuplement des moutons algériens. Aussi serait-il désirable que les pouvoirs publics lui mesurassent moins parcimonieusement les crédits dont elle peut disposer à cet effet.

(1) C'est un crédit annuel de 180.000 francs.

III

J'ai précédemment indiqué dans quelle large mesure l'augmentation de la population ovine en Algérie dépendait de l'administration et des mesures que celle-ci saurait prendre.

En ce qui concerne l'amélioration proprement dite du troupeau algérien, il est loin d'en être ainsi. Si éclairée qu'on la suppose, l'action administrative ne peut, à ce point de vue, remplacer l'initiative privée. Les essais que l'administration a faits en ce sens n'ont servi qu'à démontrer la stérilité de ses efforts.

Si les colons français étaient éleveurs, on concevrait très bien que l'administration intervînt, comme elle intervient en France, en mettant à la disposition des intéressés des étalons choisis. Mais, jusqu'à présent du moins, le colon français ne s'est point adonné à l'élevage, surtout à l'élevage du mouton. Ce sont presque exclusivement les indigènes qui sont éleveurs. J'ajoute, d'ailleurs, qu'on ne peut guère concevoir la substitution de l'élément français à l'élément indigène, quand on envisage les conditions dans lesquelles l'élevage du mouton se pratique en Algérie. La rude vie des pasteurs nomades est de celles qu'on ne supporte plus dès qu'on en a connu, dès qu'on en conçoit d'autres.

En veut-on une preuve ? Le fonctionnement de la bergerie nationale de Moudjebeur la fournit significative.

On a pensé, et l'idée pouvait *a priori* paraître excellente, qu'il serait utile, pour l'amélioration des races ovines en Algérie, d'initier les pasteurs indigènes aux principes élémentaires de l'hygiène et de la sélection. A cet effet, on a réuni à Moudjebeur, dans un établissement fondé par l'Etat, un certain nombre de nomades de bonne volonté. On leur a appris le français et tout ce qui concernait leur métier de berger. On n'en cite pas un seul qui ait regagné sa tribu. « Jamais un indigène, après avoir appris à parler le français, à lire et à écrire, ne restera berger. Il deviendra tout : khodja, cavalier, garde-champêtre, tout excepté pasteur ». On ne saurait nier la compétence de celui qui a formulé cette conclusion : c'est le propre directeur de la bergerie de Moudjebeur.

Doit-on s'en étonner, du reste ? J'avoue, pour ma part, que mon imagination se refuse à évoquer la somme de privations et de souffrances que représente la vie des pasteurs nomades. Condamnés à errer sans cesse à la suite de leurs troupeaux, ils vont, à peine vêtus, sans abri, souvent sans feu, dans des régions dont la température subit parfois, dans les vingt-quatre heures, des écarts de 40 et 50 degrés (1). Après cela, comment croire encore aux attraits et aux charmes de leur vie errante ? S'ils ont à craindre quelque chose, ce n'est point assurément que les colons français la leur envient et songent à la leur disputer.

Mais, si l'intervention du colon français dans l'élevage est nulle, si celle de l'Etat est impuissante, sur quoi compter pour l'amélioration des races ovines en Algérie ?

Sur l'initiative des indigènes ? Ce serait oublier leur

(1) Dans les heures chaudes des journées d'hiver, le thermomètre marque souvent de 30 à 35 degrés au-dessus de zéro ; il n'en descend pas moins, pendant la nuit, à 10 ou 15 degrés au-dessous de zéro.

fatalisme et leurs habitudes séculaires d'imprévoyance et d'incurie. Il y a là, on doit le reconnaître, autant de causes profondes qui les rendent, pour longtemps encore, réfractaires aux procédés et aux pratiques de l'hygiène et de la sélection. Il semble donc qu'on en soit réduit à constater l'impossibilité de toute amélioration des races qui existent en Algérie. La constatation serait désolante, si le mouton algérien ne méritait pas beaucoup mieux que la réputation qu'on s'est plu à lui faire et qu'on entretient encore contre lui dans certains milieux intéressés.

Assurément, comme bête de boucherie, il ne saurait fournir les chairs fines et délicates des moutons dont l'hygiène et la nourriture sont l'objet des préoccupations constantes de leurs éleveurs. Je ne connais cependant pas de voyageurs qui n'aient gardé un excellent souvenir des *méchouis* et des *mezzaoua* qu'on leur a servis dans le Sud. J'ai, pour ma part, souvenance de bien des rôtis succulents et savoureux, qu'auraient appréciés les gourmets les plus raffinés. Je ne sache pas, du reste, qu'à Alger et dans les grandes villes d'Algérie, les consommateurs aient à se plaindre de la qualité du mouton qu'on leur débite. Tel qu'il existe aujourd'hui, le mouton algérien peut donc fournir à la consommation française autre chose qu'une viande dure, filandreuse et infectée d'une insupportable odeur de suint.

Il est malheureusement arrivé, pour le mouton algérien, ce qui s'est produit pour les vins d'Algérie. Pendant longtemps, les seuls produits vendus sur les marchés de la Métropole comme produits algériens ont été les produits inférieurs. Pour la grande majorité des consommateurs français, le seul mouton algérien est encore un type facile à distinguer par l'énorme queue qui l'alourdit. Filandreuse et sèche, gâtée, en outre, par une insupportable odeur de suif, la viande de ce mouton est justement dépréciée. Or, sans être encore à l'état d'exception dans les troupeaux algériens, ce type y devient de plus en plus rare. Les femelles en sont peu fécondes. D'une défaite de jour en jour plus difficile, même en Algérie, il est appelé à disparaître, condamné par les enseignements du marché, les seuls dont, jusqu'ici, l'indigène paraisse apte à profiter. C'est là, je le répète, le seul mouton qu'on ait, pendant longtemps, vendu en France comme mouton algérien. Les autres étaient vendus comme moutons du pays ou comme moutons étrangers. Dans ces conditions, faut-il s'étonner qu'on ait disqualifié le mouton algérien ? Il mérite une réhabilitation. Il l'aura pleine et entière le jour où l'amélioration des moyens de transport permettra de l'amener, vigoureux et bien portant, sur les marchés de la Métropole.

Le mauvais renom de la laine du mouton d'Algérie n'est pas moins accrédité que celui de sa chair. Assurément, comme producteur de laine, ce mouton ne vaut point ce qu'il vaut comme bête de boucherie. Il n'en est pas moins vrai que le discrédit, dans lequel sont tombées les laines d'Algérie, s'explique, avant tout, par deux causes également étrangères à leur infériorité naturelle.

C'est d'abord et surtout la mauvaise foi des indigènes. Vendant leurs laines au poids, ils ne reculent devant aucune des fraudes susceptibles de les rendre plus pesantes. La plus courante de leurs habituelles manœuvres consiste à mêler aux toisons de fortes proportions de terre et de sable. Ils l'ont pratiquée avec une audace telle qu'elle a pu porter les déchets de leurs laines jusqu'à 78 0/0 du poids initial. Elle avait, en outre, pour conséquence nécessaire la détérioration rapide de tous les engins mécaniques des fabriques anglaises ou françaises qui avaient cru devoir employer des laines algériennes. Aussi comprend-on facilement que l'industrie les délaisse aujourd'hui.

Cette première cause de dépréciation s'aggrave encore de celle qui résulte des déplorables procédés de tonte employés par les indigènes. Tondant au couteau ou à la faucille, ils tiraillent la laine, lui donnent une surface irrégulière et en laissent, d'ailleurs, une grande partie sur le corps de l'animal (1). A tous les points de vue, la généralisation de l'emploi des cisailles présenterait d'incontestables avantages.

Il suffit donc que les indigènes soient amenés à renoncer à leurs détestables habitudes de fraude et à leurs rudimentaires procédés de tonte pour que s'atténue et se dissipe un discrédit dont ils sont les premières victimes Tombées aujourd'hui à moins de 55 fr. le quintal, les laines algériennes, qui se payaient autrefois jusqu'à 195 fr., retrouveraient vite leurs anciens cours. Sans doute, ce n'est point parce qu'elles sont fines et soyeuses qu'on a pu et qu'on peut encore les rechercher. Exposé sans abri au rude climat des hauts plateaux et des solitudes sahariennes, brûlé le jour par les ardeurs d'un soleil implacable, raidi la nuit par les étreintes d'un froid cuisant,

(1) Il y a, en Algérie, certains industriels qui ont réalisé des fortunes par l'utilisation des laines qu'ils retrouvaient sur la peau des moutons abattus, après avoir été tondus suivant les habituels procédés des indigènes.

le mouton algérien ne peut revêtir qu'un dur et rude vêtement. Mais les laines grossières et résistantes sont non moins indispensables à l'industrie que les laines fines et soyeuses. Il lui en faut non seulement pour la confection des draps de troupe, des couvertures de chevaux, des draps de communauté, mais encore pour la préparation des trames auxquelles les laines trop fines d'Australie ne peuvent convenir. Aussi, pour que les laines algériennes puissent compter sur des débouchés, aussi bien à l'étranger qu'en France, il n'est nullement indispensable qu'elles acquièrent les qualités de souplesse propres aux laines d'Australie. Il suffit, je le répète, que les indigènes ne continuent point à les déprécier, en rendant leur utilisation industrielle difficile ou même impossible. Assurément, il y a là un résultat bien plus facilement accessible que ne saurait l'être l'amélioration des toisons, si on devait l'attendre de l'initiation des indigènes aux pratiques raisonnées et savantes des croisements, de l'hygiène et de la sélection.

Tel qu'il existe actuellement entre les mains de ses éleveurs primitifs, le mouton algérien peut donc fournir une viande et une laine susceptibles de s'ouvrir de larges débouchés, tant sur les marchés français que sur ceux de l'étranger.

La constatation est essentielle et j'y insiste car elle montre nettement la voie dans laquelle doivent s'engager les colons français que peuvent séduire les promesses de l'industrie moutonnière en Algérie. Ils ne doivent point songer à l'élevage proprement dit. Evidemment, leur installation dans des régions choisies des hauts plateaux leur permettrait l'élaboration de produits sélectionnés, bien supérieurs à ceux des indigènes. L'établissement d'abris hibernaux, l'engrangement de fourrages rendraient inutiles l'émigration vers le Sud et la vie nomade qu'elle impose. Mais alors on perdrait l'utilisation de tous les succulents pâturages du Sahara, dans lesquels on ne peut songer à refouler les indigènes, en leur fermant accès des hauts plateaux réservés désormais aux éleveurs français. L'utilisation des pâturages sahariens n'est possible que l'hiver ; elle suppose donc la transhumance des troupeaux et, partant, impose nécessairement l'existence nomade qui est celle des pasteurs arabes. Seule, celle-ci permet l'utilisation de tous les pâturages ; seule, par suite, elle ouvre à l'élevage du mouton en Algérie toute l'extension dont cet élevage y est susceptible. Constater que le Français ne saurait se faire à la rude existence de pasteur nomade, c'est constater qu'il doit laisser à l'indigène le soin d'être éleveur.

Que lui reste-t-il donc ? Un rôle plus modeste sans doute, mais assez lucratif pour séduire bien des initiatives, le rôle d'intermédiaire entre l'éleveur indigène et les besoins de l'exportation.

L'élevage du mouton en Algérie est une entreprise assez vaste pour qu'y intervienne le principe de la division du travail, assignant à l'indigène, comme au colon français, le rôle spécial qui convient le mieux aux qualités respectives de l'un et de l'autre. A l'indigène, le rude labeur de l'élevage proprement dit, avec les grands parcours qu'il faut à la brebis et à l'agneau, avec la vie nomade qui, assurant l'utilisation de tous les pâturages, permet l'accroissement indéfini du troupeau algérien. Au colon français, la tonte de la laine en même temps que les soins et la stabulation nécessaires à l'élaboration de la viande et à l'engraissement du mouton.

Cette participation du colon français à l'élevage supposerait uniquement, de sa part, l'installation de grandes bergeries qu'il peuplerait de moutons et d'agneaux achetés aux indigènes. Placées aux limites de la colonisation, sur la ligne au nord de laquelle le nomade ne peut songer à pousser librement son troupeau, ces bergeries fonctionneraient comme de vastes réservoirs que viendraient alimenter les éleveurs indigénes. C'est de là que, suivant les besoins du marché, partirait, singulièrement amélioré du reste, le courant d'exportation, destiné à la France ou à l'étranger (1).

Dans ces conditions, les résultats de l'élevage du mouton, en Algérie, ne dépendraient plus que de l'organisation et du perfectionnement des moyens de transport mis à la disposition des colons.

IV

Dès maintenant, les résultats de l'élevage du mouton en Algérie dépendent, dans une très large mesure, du développement et du perfectionnement des moyens de transport permettant l'exportation des troupeaux. Le cheminement des moutons, dans les régions colonisées du Tell, se complique actuellement de difficultés si grandes qu'on ne peut encore songer à un accroissement no-

(1) Quelques villages heureusement placés, dont les habitants ont été amenés, à raison de leur situation même, à se livrer à ce genre de commerce, jouissent déjà d'une incontestable prospérité. C'est, par exemple, dans le département d'Alger, le cas du village de Vialar.

table du mouvement d'exportation (1). Conçoit-on ce que peut être, pour des troupeaux habitués aux grands espaces et aux libres parcours, une succession d'étapes se poursuivant, sur deux à trois cents kilomètres, dans une région morcelée, cultivée et habitée par une population qui, avec raison, exige le respect des limites et des droits de propriété ? Poussés en masses profondes sur de longues routes poudreuses dont ils ne peuvent s'écarter, marchant le plus souvent sans autre nourriture que les maigres brindilles tondues aux revers des chemins, les moutons se ressentent nécessairement, à leur arrivée sur les marchés du littoral ou dans les ports d'embarquement, de la somme de privations et de souffrances que représente un semblable voyage. Aussi s'explique-t-on facilement la triste et lamentable mine des moutons algériens sur les marchés de la Métropole, quand les fatigues et les épreuves de l'embarquement et du voyage en mer ont achevé de les exténuer.

En même temps qu'elle s'attache à développer les ressources en eau des pâturages algériens, l'administration doit donc se préoccuper d'écarter ou tout au moins d'atténuer les difficultés que présente, pour les troupeaux, la traversée des régions colonisées. Il n'y a là, en définitive, que les faces différentes d'une même question. A n'envisager qu'une seule d'entre elles, on risquerait de ne tenter que de stériles efforts.

La neutralisation des difficultés qu'offre à l'exportation des troupeaux la traversée du Tell algérien comporte deux solutions différentes.

(1) Il comporte actuellement, pendant la belle saison, une exportation de 50 à 60.000 moutons par semaines.

La première serait l'établissement et l'utilisation pour le transport des moutons, des voies ferrées, dites de pénétration. La seconde, moins souveraine dans ses effets, mais d'une exécution plus simple et plus facile, suppose toujours les moutons cheminant sur leurs pattes. Elle consisterait à leur approprier des voies qu'ils devraient suivre, et à installer, le long de ces voies, de véritables gîtes d'étapes.

L'utilité des voies ferrées, dites de pénétration, n'est plus à démontrer. Combinée avec l'augmentation et l'amélioration des pâturages, la construction d'un certain nombre de ces voies favoriserait singulièrement l'essor de l'élevage. Trouvant l'écoulement facile de leurs produits, les indigènes s'attacheraient à développer les ressources de leurs troupeaux. D'autre part, les expéditeurs, n'ayant plus guère à compter avec les faux frais et les pertes de route, n'hésiteraient pas à augmenter leurs achats et à élargir le cercle de leurs opérations.

Mais il ne faudrait point, évidemment, que les expéditeurs aient à subir, pour l'utilisation de ces voies ferrées, des tarifs véritablement inaccessibles. Tels paraissent être notamment les tarifs qui ont été homologués pour la voie Blidah-Berrouaghia, avec prolongement éventuel. Transportés en petite vitesse, les moutons payent 2 centimes par tête et par kilomètre. Ce prix est doublé pour les animaux voyageant à la vitesse des trains de voyageurs. Or, celle-ci est la seule admissible, si l'on veut réduire à leur minimum les risques du voyage. C'est, du reste, la seule admise par les compagnies d'assurance. A s'en tenir à ce tarif de 4 centimes par tête et par kilomètre, le transport d'un mouton coûterait 8 fr. de Boghari à Alger. Avec de semblables tarifs, la voie ferrée n'est point faite pour le transport d'animaux dont le prix de vente sur les marchés du littoral ne dépasse guère 20 fr.

Il existe, il est vrai, sur la ligne dont je parle, un tarif spécial dont les expéditeurs pourraient peut-être demander l'application et qui leur permettrait de transporter leurs moutons dans des conditions beaucoup moins onéreuses (1) Ils ne manqueraient pas sans doute d'y recourir, si la ligne de Blidah Berrouaghia était une véritable ligne de pénétration analogue à celles qui existent dans le département d'Oran. Mais, actuellement, le développement de cette ligne ne dépasse pas 84 kilomètres. Son utilisation épargnerait donc à peine deux journées de parcours. Elle imposerait, en outre, un transbordement à Blidah pour passer de la voie étroite à la voie large et amener les moutons jusqu'à Maison Carrée ou Alger. Aussi ne facilitera-t-elle vraiment l'exportation des troupeaux du Sud que le jour où, prolongée jusqu'à Boghari, Djelfa et Laghouat, elle permettra, en moins de deux jours, d'amener ces troupeaux jusqu'au port d'embarquement. C'est une des raisons, qui, avec bien d'autres, militent en faveur de l'achèvement de cette ligne.

De véritables voies de pénétration, avec des tarifs accessibles, telle est la condition essentielle de l'utilisation des voies ferrées pour le transport des troupeaux. L'adoption d'un type de wagon permettant l'alimentation des animaux en cours de route, l'aménagement de quais

(1) Le tarif spécial n° 1, § 2, permettrait, semble-t-il, de transporter un chargement de 40 à 45 moutons à raison de 0 fr. 006 par tête et par kilomètre.

de débarquement, avec parcs et abreuvoirs, sont autant de questions de détail qui trouveraient vite leurs solutions.

L'établissement des voies dites de pénétration ne donnerait pas seulement de singulières facilités à l'exportation des troupeaux. Prolongées assez loin dans le Sud, elles contribueraient à atténuer, à supprimer même deux des principaux obstacles au rapide accroissement des troupeaux sahariens : je veux parler des *bedrouna* et de l'absence de sécurité.

Dans le sud algérien, soufflent parfois, sans qu'on les puisse prévoir, de terribles vents de feu qui, en moins de vingt-quatre heures, brûlent tous les pâturages, dessèchent tous les gîtes d'eau. C'est alors qu'on assiste à ces hécatombes, que les indigènes appellent des *bedrouna*. Afin d'en retirer au moins le prix des toisons et des peaux, l'indigène se met à égorger ses bêtes condamnées à périr de faim et de soif. Des troupeaux entiers sont ainsi sacrifiés. La multiplication des voies de pénétration, s'avançant assez loin dans le Sud et permettant le rapide déplacement des troupeaux, serait certainement de nature à rendre les *bedrouna* moins fréquentes. Elle affranchirait les troupeaux algériens de dîmes redoutables et épargnerait aux populations nomades bien des heures de misère et de souffrance.

Dans ces dernières années surtout, la sécurité du Sud a été singulièrement améliorée. Elle n'est point encore complète. Sans doute, ce ne sont plus les révoltes de nos tribus qui la troublent. Elle n'en est pas moins compromise, trop souvent encore, par d'audacieuses agressions qui lancent, dans nos territoires, quelques hordes rapides de pillards sahariens. De là, pour les troupeaux menacés de razzia, ces concentrations rapides, ces fuites précipitées qui les déciment et les épuisent. De l'avis de tous les hommes compétents, la construction de quelques voies de pénétration permettrait de considérer la pacification des régions du Sud algérien comme un fait accompli. Elle supprimerait donc, pour les troupeaux, les risques encore redoutables de ces coups de main que, dans les conditions actuelles, la vigilance de l'autorité militaire ne suffit pas toujours à prévenir et à réprimer.

Ainsi, à bien des points de vue, les voies ferrées dites de pénétration apporteraient à l'élevage un utile et précieux concours. Mais, en admettant qu'on le juge nécessaire, leur établissement ne serait pas l'œuvre d'un jour. Il ne faudrait donc pas compter sur leur utilisation immédiate pour faciliter aux troupeaux, destinés à l'exportation, la traversée des régions colonisées du Tell.

Reste alors une solution plus simple, puisqu'elle suppose toujours les moutons cheminant eux-mêmes : j'ai en vue l'installation de gîtes d'étapes, le long de voies appropriées.

En Allemagne, c'est à ce système qu'on s'est attaché pour faciliter l'exportation des moutons. Ce n'est donc point une expérience nouvelle à tenter. Il suffit uniquement d'adapter à l'Algérie des solutions qui, en Allemagne, ont donné d'excellents résultats. Comme l'administration austro-hongroise, l'administration allemande a affecté aux convois de bestiaux des routes déterminées et obligatoires. Elle les astreint ainsi, d'une façon très simple, à traverser tout un réseau de cordons sanitaires. Tous les trente kilomètres, l'étape est marquée, sur la route, par une maison d'Etat. Tenue par un fonctionnaire, cette maison comporte une étable et un abreuvoir. L'approvisionnement nécessaire à l'alimentation des troupeaux de passage est fourni par un adjudicataire. Les denrées sont livrées à bas prix, conformément aux indications d'un tarif affiché. C'est ainsi que les troupeaux peuvent arriver en excellent état jusqu'à la frontière, entrer en France, et, grâce aux tarifs de pénétration, parvenir sur les marchés français, à meilleur compte que s'ils venaient d'un point plus rapproché de l'intérieur du pays.

Tel est le modèle dont doit s'inspirer l'administration algérienne pour favoriser l'exportation des troupeaux. Ce serait d'autant plus à souhaiter qu'on arriverait ainsi, non seulement à faciliter aux moutons la traversée du Tell, mais, en outre, à empêcher l'exportation de sujets malades, capables d'apporter aux troupeaux de la Métropole de dangereuses infections. A plusieurs reprises, la clavelée a été importée en France par des moutons algériens. De là, l'hostilité que leur introduction sur les marchés français a souvent rencontrée dans la Métropole. Evidemment, tant que les moutons d'Algérie risqueront d'amener avec eux ce redoutable fléau, les exportateurs algériens auront à compter avec l'éventualité de mesures sanitaires, leur fermant brusquement l'accès des marchés de la Métropole ou de l'étranger.

Récemment encore, l'exportation algérienne a été sous le coup de mesures draconiennes qui auraient eu, dans la colonie entière, une douloureuse répercussion. Vivement émues par l'indroduction en France de moutons algériens atteints de clavelée, les autorités métropolitaines ne parlaient de rien moins que de prescrire l'abatage immédiat de tous les animaux appartenant à des chargements dans lesquels le service sanitaire constaterait des cas suspects. Le risque de semblables hécatombes, pratiquées sur des chargements de 6.000 à 7.000 moutons, eût rendu toute exportation impossible. C'eût été un fléau de plus déchaîné sur l'Algérie, qui aurait dû subir ce que jamais on n'eût osé envers un pays étranger.

Grâce à l'énergie avec laquelle il a su défendre les intérêts algériens, le gouverneur général a pu conjurer le péril. Tout s'est borné à l'adoption d'une série de mesures sanitaires destinées à parer à l'insuffisance des mesures jusqu'alors observées pour prévenir l'importation de la clavelée dans les troupeaux de la Métrople (1). Evidemment, la généralisation, en Algérie, de la pratique de la clavelisation est seule capable de supprimer un semblable risque. L'exécution rigoureuse des mesures prescrites par le gouverneur général ne peut qu'en diminuer les chances. Mais dans quelle large mesure celles-ci seraient atténuées encore, si, pour faciliter aux troupeaux la traversée des régions colonisées du Tell, on adoptait le programme simple et méthodique dont l'Allemagne nous offre le modèle. En attendant que la pratique de la clavelisation se généralise en Algérie (et il ne pourra en être ainsi que le jour où la source même du courant d'exportation ne sera plus aux mains des indigènes) (2),

(1) Ces mesures sont imposées par un arrêté du gouverneur général en date du 5 mai 1895. Jugées depuis insuffisantes, ces mesures ont été remplacées par celles que prescrit un arrêté du gouverneur général en date du 28 avril 1898.

(2) Dans l'état actuel de la législation, aucun texte ne permet de l'imposer. Une réglementation en ce sens se heurterait d'ailleurs à

on aurait là, contre les risques d'importation de la clavelée en France, tout un faisceau de précautions et de garanties.

Je n'ai envisagé jusqu'ici que les mesures propres à faciliter aux moutons algériens l'accès du littoral et du port d'embarquement. C'est là, du reste, le point capital. Le trajet maritime, que nécessite l'exportation en France, est d'une durée trop minime pour influer, dans une mesure appréciable, sur des animaux en bon état de santé et d'entretien au moment de leur embarquement. Redoutable quand il achève d'épuiser des animaux déjà exténués par les fatigues et les privations d'un long voyage sur les grandes routes de la colonie, il serait évidemment sans danger pour des sujets solides et vigoureux. Les perfectionnements seraient, d'ailleurs, faciles et ne manqueraient pas de se produire, si le mouvement d'exportation s'accentuait. L'intérêt même des Compagnies de navigation les conduirait vite à aménager de grands bateaux-bergeries, analogues à ceux qui desservent actuellement la ligne Marseille-Mer-Noire. Si, d'elles-mêmes, les Compagnies tardaient trop à effectuer les améliorations nécessaires, les autorités algériennes seraient incontestablement fondées à intervenir, comme ont su le faire les autorités russes, pour exiger des installations donnant aux expéditeurs des garanties suffisantes au point de vue de l'hygiène comme au point de vue de la sécurité des animaux embarqués.

de véritables impossibilités, résultant de la dissémination du troupeau algérien. C'est seulement quand le courant d'exportation partira de bergeries installées par des Européens sur les hauts plateaux que la clavelisation deviendra d'un usage général ; l'intérêt bien entendu des expéditeurs en sera le meilleur gage.

Enfin, la situation particulière d'un certain nombre de ports méditerranéens faciliterait une combinaison de nature à améliorer encore l'état des moutons algériens exportés en France. Cette combinaison consisterait à ne les présenter sur les marchés français qu'après une période d'engraissement dans les pâturages voisins du port de débarquement. Si Marseille se prête peu à une combinaison de ce genre, Cette, Port-Vendres et Saint-Louis du Rhône lui offrent, au contraire, toute les facilités désirables. Ne seraient-ils pas, du reste, incités à les accroître en vue de s'assurer le bénéfice d'un transit qui ne tarderait pas à établir, entre eux et les ports algériens, des relations suivies et avantageuses. La qualité de la viande et, partant, la réputation des moutons d'Algérie ne tarderaient pas à se ressentir de toutes ces améliorations ; leur concurrence deviendrait vite redoutable pour les produits étrangers qui affluent sur nos marchés Actuellement, à la Villette, les moutons algériens se payent de 26 à 30 fr., tandis que les moutons allemands ou hongrois atteignent des prix variant entre 38 et 40 fr. Ces chiffres indiquent, avec éloquence, les résultats qu'on peut attendre des différentes améliorations dont j'ai parlé.

Je termine ces observations déjà longues. Elles m'ont amené à signaler un certain nombre de mesures utiles ou nécessaires pour donner à l'élevage du mouton toute l'extension qu'il comporte en Algérie. Qu'elles concernent l'augmentation des pâturages, la multiplication et l'amélioration du troupeau, le perfectionnement des moyens de transport, toutes sont facilement réalisables ; presque toutes, déjà, ont été l'objet d'une longue et minutieuse préparation. Sans nécessiter de ces coûteux sacrifices, qu'on a parfois prodigués en vue des conséquences lointaines et plus ou moins chimériques de tant de réformes algériennes, elles n'engagent aucune dépense dont on ne puisse rapidement apprécier les résultats. Je ne sais dans quel avenir elles seront réalisées. Mais, lorsque leur exécution complète aura permis de donner à l'élevage algérien toute l'extension dont il est susceptible, je crois qu'il sera difficile à l'Algérie de ménager sa reconnaissance à celui de ses gouverneurs qui, d'avance, a su entrevoir et préparer, pour elle, une intarissable source de prospérité.

La Réforme

des Consistoires Algériens

Il serait puéril de nier qu'il y ait, en Algérie, une question juive. Elle y a déjà, de la façon la plus grave, troublé la paix publique. Elle y pourrait encore fomenter de trop regrettables désordres pour qu'il n'y ait point imprévoyance à en méconnaitre la gravité. On peut le dire d'autant plus hautement qu'il serait peut-être possible non sans doute de faire disparaître, tout au moins d'atténuer quelque peu les dissensions qu'elle entretient dans les populations algériennes. Si, comme en Pologne ou en Roumanie, par exemple, on devait y voir surtout la résultante des souffrances et des misères d'une population rurale trop pauvre pour trouver le peu de crédit qui lui est indispensable ailleurs que chez l'usurier juif et dans les conditions désastreuses que celui-ci lui impose, il ne serait point facile d'en envisager la solution. Tout autre remède qu'une modification profonde de la situation et des circonstances économiques qui l'engendrent n'apparaîtrait guère que comme un insuffisant palliatif. Or, un remède de ce genre est de ceux qui dépassent la bonne volonté et les efforts des pouvoirs publics.

Heureusement, telle n'est point la question juive qui se pose en Algérie. Certes, l'usure n'est point un mal qu'ignore le pays. Mais comment croire qu'elle y fasse naître une question juive, alors que tant d'Européens, de Maltais, de Mozabites et de Kabyles n'hésitent point à disputer aux capitalistes juifs les profits que ceux-ci lui peuvent demander ? Je n'étonnerais même aucun de ceux qui ont la pratique des affaires en disant que les prêteurs israélites ne sont pas toujours ceux qui se montrent les plus exigeants et les plus intraitables.

Il ne faut pas, du reste, avoir suivi longtemps les incidents et les faits de la vie locale pour être convaincu que c'est bien moins au rôle joué par eux dans la vie économique du pays qu'aux conditions dans lesquelles ils ont pris part à sa vie publique, que les israélites algériens sont redevables des rancunes et des préventions dont ils sont l'objet. Admis par le décret du 21 octobre 1870, plus connu sous le nom de décret Crémieux, à jouir de tous les droits des citoyens français, les israélites algériens ont pu, depuis cette époque, participer à toutes les élections dans les mêmes conditions que les Français d'origine. Il semble que cette décision, qui s'expliquait évidemment par le désir d'une fusion des israélites indigènes dans l'élément français, aurait dû entraîner, par voie de conséquence, une réforme nécessaire de toutes les institutions susceptibles de maintenir une ligne de démarcation tranchée entre ces nouveaux citoyens et les Français d'origine. Or, il n'en a rien été. Devenant citoyens français, les israélites algériens n'en ont pas moins conservé les institutions propres à les maintenir à l'état de groupe social distinct. Telle est notamment l'organisation de leurs Consistoires.

Comme composition même, les trois Consistoires départementaux qui existent en Algérie diffèrent peu de ceux qui fonctionnent en France. Depuis le 10 juillet 1861, ils ont la personnalité civile et sont administrés par un rabbin et six membres laïques, élus par leurs coreligionnaires pour huit ans et renouvelables par moitié tous les quatre ans.

Mais combien plus larges sont leurs attributions ! Sans doute, la loi organique des consistoires algériens, l'ordonnance du 9 novembre 1845 s'est préoccupée de circonscrire leur mission. Elle a en même temps déterminé leurs recettes et précisé les dépenses auxquelles ils pourraient affecter leurs ressources. En fait et par suite de tolérances successives, les consistoires sont arrivés à centraliser tout ce qui a trait aux intérêts moraux des israélites algériens. Ce n'est point seulement au culte mais à l'instruction, à la bienfaisance que s'étend leur action. Pour faire face aux dépenses que leur occasionne le champ d'action si vaste qu'ils se sont ouverts, ils soumettent leurs coreligionnaire à de véritables impôts. Ne leur appartient-il pas de taxer la contribution que doit verser chaque famille pour les secours aux indigents de la Communauté ? Ne prélèvent-ils point sur l'alimentation des dîmes fort lourdes, vingt centimes par kilogramme de viande *cachir* (1) ? Ne rè-

(1) C'est ainsi qu'on désigne la viande abattue suivant les rites de la religion mosaïque.

glent-ils pas, comme ils l'entendent, le tarif de leurs pompes funèbre ? Dire qu'il s'agit là de contributions purement volontaires, ce serait supposer que les croyances religieuses laissent entière la liberté de leurs adeptes.

Grâce à toutes les perceptions plus ou moins illégales dont ils alimentent leurs caisses, les consistoires algériens disposent de ressources considérables. Quant à l'emploi donné à celles-ci, l'élasticité de l'énumération contenue dans l'ordonnance du 9 novembre 1845 permet de faire figurer dans les dépenses les imputations les plus étrangères à la mission légale des consistoires.

Et qu'on ne parle pas du contrôle réservé à l'administration sur les opérations financières de ceux-ci. En réalité, ce contrôle fait absolument défaut. Sans doute, l'article 21 de leur loi organique oblige bien les consistoires à communiquer à l'Administration préfectorale les états de leurs dépenses et de leurs recettes, toutes les fois que cette Administration croira devoir en exiger la production. Mais ce contrôle, purement éventuel, l'Administration préfectorale ne le réclame jamais. A quoi bon, du reste, le ferait-elle, puisqu'aucun texte ne lui donne le droit de redresser la comptabilité qui lui serait soumise ?

L'indépendance, dont en fait ils jouissaient, ne pouvait qu'amener les consistoires à oublier leur mission légale et à étendre leur action à des objets évidemment étrangers à leurs attributions régulières.

A maintes reprises, leur intervention à peine voilée dans les luttes électorales de la colonie a soulevé de violentes protestations au sein des assemblées départementales ; bien des fois, ces assemblées ont émis des vœux en faveur d'une réforme nécessaire. A maintes reprises, le Conseil Supérieur de l'Algérie s'est prononcé dans le même sens. C'est notamment ce qu'il a fait, dans une de ses dernières sessions, en adoptant un vœu déposé par la délégation du Conseil général d'Oran et réclamant l'extension aux consistoires algériens des règlements promulgués dans la Métropole sur la comptabilité des fabriques et des consistoires.

Aujourd'hui, surtout, on comprendrait difficilement que les pouvoirs publics ne se préoccupassent point de répondre au vœu de la haute assemblée algérienne et de ramener efficacement les consistoires algériens aux seules attributions dont ils sont légalement investis. A la différence de certaines revendications des apôtres de l'antisémitisme algérien, la réforme ainsi sollicitée n'est certes point de nature à se heurter en France à de bien sérieux obstacles, puisqu'elle consisterait uniquement à mettre fin à des privilèges injustifiés. L'honorable rapporteur du budget algérien pour 1895, M. Pourquery de Boisserin, s'y était du reste pleinement associé. Citoyens français, les israélites algériens doivent être affranchis des influences qu'on juge incompatibles avec la liberté que cette qualité comporte. Ces influences, on s'est efforcé de les bannir en ce qui concerne les protestants et les catholiques. Comment admettre qu'on les laisse librement s'exercer en ce qui concerne les israélites ? On enlèvera peut-être ainsi à certaines personnalités l'occasion de faire marché des services électoraux que l'organisation actuelle permet de rendre. Mais ce serait, je le crois, faire un grand pas dans l'œuvre de pacification morale d'un pays où, pour une très large part, les tempêtes déchaînées contre les israélites s'expliquent par les rancunes électorales qui se sont amassées contre eux (1).

(1) Un décret du 31 décembre 1895 a réalisé l'extension aux consistoires israélites algériens des décrets portant règlement d'administration publique sur la comptabilité des fabriques, conseils presbytéraux et consistoires. C'était là le premier pas dans la voie d'une réforme que vient d'effectuer un décret du 23 août 1898, en s'attachant à enlever aux consistoires algériens la trop grande importance qu'on leur avait laissé prendre. Dans ce but, leur nombre est augmenté, afin que chacun d'eux ne puisse plus grouper qu'une communauté moins puissante. De plus, il leur est rigoureusement interdit d'effectuer désormais d'autres dépenses que celles se rapportant aux besoins temporels de leur culte. Voilà donc, de par ces textes, les consistoires algériens ramenés aux conditions normales de la vie civile des établissements publics en France. On ne peut que s'en féliciter.

Les Moutons Algériens

et la Clavelée

Le ministre de l'agriculture vient de prescrire des mesures rigoureuses, en vue de prévenir la contamination des troupeaux de la métropole par les moutons claveleux importés d'Algérie.

Les faits paraissent malheureusement justifier les mesures dont il s'agit.

Il n'est presque pas de jour où l'on ne constate, au débarquement à Marseille, la présence d'animaux claveleux dans les arrivages de troupeaux algériens. En remontant seulement au mois de juillet dernier, le service sanitaire de Marseille a signalé la clavelée dans vingt-deux de ces envois. D'autre part, la clavelée a été constatée, à différentes reprises, par le service d'inspection du marché de la Villette sur des moutons africains arrivant directement de Marseille. Des avis analogues ont été transmis notamment par le service d'inspection des abattoirs de Bourges et d'Orléans.

Par bienveillance pour l'Algérie, le ministre de l'agriculture avait cru pouvoir s'en tenir, jusqu'à ce jour, à de simples avertissements. Mais, en présence de tous les faits qu'on lui signalait, il devait nécessairement se préoccuper du danger auquel les troupeaux métropolitains se trouvaient ainsi exposés. Aussi vient-il d'inviter les vétérinaires inspecteurs à faire abattre immédiatement tous les moutons des chargements dans lesquels on constaterait des cas de clavelée à l'arrivée en France

Les bêtes reconnues claveleuses devront être, comme par le passé, sacrifiées sur quai et livrées à l'équarrissage. Quant aux autres moutons du chargement, ils devront être dirigés sans délai, avec les précautions nécessaires, soit sur l'abattoir du port de débarquement, soit, si l'exportateur en fait la demande, sur le sanatorium des abattoirs de la Villette ou sur l'un des autres abattoirs de grandes villes. En cas d'envoi à d'autres abattoirs que celui du port de débarquement, l'expédition devra se faire en vagons plombés.

Il faut reconnaître que les mesures prescrites par le ministre de l'agriculture sont de nature à mettre les troupeaux de la métropole à l'abri de toute contamination. Mais permettront-elles aux exportateurs algériens de continuer leurs expéditions? Il est permis d'en douter. Qu'on en juge, du reste, par ces quelques chiffres. Les moutons algériens, destinés à l'exportation, se vendent, en Algérie, de 18 fr. à 20 fr. sur les marchés du littoral. Transportés sur les marchés français, ils s'y payent de 28 à 30 fr. En moyenne, l'écart est de 10 fr. à peine. Les frais d'embarquement, de traversée, de débarquement et de transport sur les marchés de la métropole absorbent 6 à 7 fr. C'est donc, par mouton, un bénéfice net de 3 à 4 fr. que peut réaliser l'expéditeur, en supposant, d'ailleurs, qu'il ait échappé à de trop grands risques de route et que, sur les marchés français, il réalise ses ventes dans des conditions normales. Assurément, le bénéfice est appréciable encore sur des expéditions de cinq à six mille moutons. Mais est-il de nature à permettre d'affronter le risque redoutable des mesures que vient de prescrire le ministre de l'agriculture ? Il n'est guère permis de le croire. Dans les conditions où il doit être effectué, l'abatage des moutons, appartenant à des changements dans lesquels des cas de clavelée auront été constatés, doit nécessairement entraîner une dépréciation considérable. Bien souvent, les expéditeurs obtiendront à peine la moitié du prix courant des marchés. A supposer un chargement de 5.000 moutons, c'est une perte de 60.000 à 80.000 fr., au lieu d'un bénéfice normal de 20.000 fr. Il faudrait donc au moins trois convois échappant à toute critique des autorités sanitaires, pour couvrir les pertes d'une seule expédition malheureuse.

Et il ne s'agit pas là de simples prévisions mais de craintes que les faits ont déjà justifiées. Le 17 septembre, le *Dauphiné*, des transports maritimes à vapeur, avait embarqué à Alger 3.106 moutons. Un cas de clavelée ayant été signalé parmi eux, tout le chargement a été saisi, dès son arrivée à Marseille, et immédiatement dirigé sur le sanatorium de cette ville. Il y a été vendu aux bouchers de la région avec une perte sèche, pour les exportateurs, de 5 à 6 francs par tête, soit une perte totale de 15 à 18.000 francs.

J'avais donc raison de dire que, soumise à de semblables risques, l'exportation des moutons algériens en France devenait pour ainsi dire impossible.

On ne peut méconnaître la gravité de la crise qu'une situation semblable peut déchaîner sur l'Algérie. Depuis quelques années, celle-ci vendait annuellement, sur les marchés français, de 1.500.000 à 1.800.000 moutons. C'était, pour elle, un revenu de 30 à 35 milions. Ne serait-il point déplorable que la source en fût tarie? Après les colons, durement éprouvés par la mévente des vins, ce seraient les indigènes, ruinés par l'avilissement du prix de leurs moutons.

Aussi ne saurait-on trop souhaiter que, sans rapporter absolument des mesures réclamées par la protection des troupeaux de la Métropole, on s'attachât à les appliquer de façon à ne point supprimer l'exportation algérienne. Il y aurait lieu, par exemple, d'examiner si, aux environs de Marseille ou d'autres ports de débarquement, on ne pourrait établir des stations où l'on pourrait sans danger réunir les troupeaux dans lesquels des cas de clavelée auraient été constatés. Les plaines de la Crau, les garrigues des départements du Var, des Bouches-du-Rhône, de l'Hérault et du Gard présentent de vastes espaces, très propices aux moutons et dont la location n'entraînerait probablement pas des frais excessifs. Les chargements suspects resteraient là jusqu'à la disparition de tout risque de contamination. Alors seulement, on pourrait les introduire sur les marchés de la Métropole.

Dans tous les cas, tout vaudrait mieux que le maintion rigoureux des mesures actuelles. Avec la mévente des vins, ce serait l'arrêt complet de la vie économique de l'Algérie. En face d'une perspective de ce genre, il paraît difficile que les autorités métropolitaines continuent à se préoccuper exclusivement des risques de contamination des troupeaux de la Métropole.

Ce n'est point d'hier qu'est né le risque de l'éventualité redoutable qui se produit à l'heure actuelle. Il est né, on peut le dire, en même temps qu'a commencé l'exportation en France des moutons algériens. Dès le 11 juillet 1879, M. Tirard, alors ministre de l'agriculture, avait cru devoir prendre des mesures de rigueur pour empêcher l'introduction de la clavelée en France par les moutons amenés d'Algérie. Outre l'abatage immédiat des bêtes reconnues claveleuses, c'était une quarantaine imposée au reste du chargement et maintenue jusqu'à ce que son état sanitaire n'inspira plus aucune crainte.

De vives réclamations se produisirent de la part des exportateurs algériens. Le ministre rapporta sa décision. Mais il ne le fit qu'en recommandant de propager, en Algérie, la pratique de la clavelisation (1). Il prescrivait, en outre, l'organisation, dans la colonie, d'un service sanitaire analogue à celui qui existait en France.

En exécution des instructions ministérielles, le gouverneur général prenait, en date du 29 août 1879, un arrêté, d'après lequel tous les animaux de l'espèce ovine, destinés à être expédiés en France, devaient, avant leur embarquement, être soumise à une vérification rigoureuse de leur état sanitaire. La vérification devait être

(1) C'est une sorte de vaccination qui, donnant au mouton une clavelée atténuée, le rend indemme de toute contamination ultérieure.

faite, aux frais des expéditeurs, par un vétérinaire dont le choix appartenait à l'administration. Si des cas de clavelée étaient constatés, le troupeau devait être séquestré, et la séquestration ne pouvait être levée que trente jours après le dernier cas de clavelée. La séquestration cessait plus vite si l'expéditeur consentait à faire, à ses frais, claveliser son troupeau. Cet arrêté déterminait, en même temps, les seuls ports algériens ouverts à l'exportation des moutons en France : c'étaient les ports d'Alger, d'Oran, de Philippeville et de Bône.

Le service de visite, organisé par l'arrêté du 29 août 1879, a fonctionné jusqu'en 1889. A cette époque a été mis en vigueur le décret du 12 novembre 1887, portant règlement d'administration publique pour l'application, en Algérie, de la loi sur la police sanitaire des animaux. L'article 28 de ce décret se borne, d'ailleurs, à généraliser à tous les animaux des espèces chevaline, asine, bovine, caprine et porcine, la visite jusqu'alors obligatoire seulement pour les moutons exportés en France. Relativement à ceux-ci, le décret n'ajoutait rien aux formalités et aux garanties déjà prescrites. La seule modification concernait le mode de rétribution des vétérinaires chargés de la visite. Il faut ajouter également que le nombre des ports algériens, ouverts à l'exportation des moutons, était notablement augmenté.

Malgré toute la vigilance des inspecteurs algériens, le service sanitaire de la métropole ne cessa de signaler des animaux claveleux, parmi les troupeaux exportés d'Algérie. Aussi, dès 1893, en présence des réclamations des éleveurs de la métropole, le ministre de l'agriculture crut-il devoir intervenir de nouveau, pour exiger de plus sérieuses garanties contre les risques d'importation de la clavelée en France par les moutons algériens. D'accord avec le comité consultatif des épizooties, le ministre exprimait l'opinion que le seul moyen, véritablement efficace, de supprimer les risques de ce genre, consistait à propager en Algérie la pratique de la clavelisation. Mais, en attendant la généralisation de cette pratique, il fallait aviser à l'organisation de mesures sanitaires plus sérieuses que la simple visite exigée jusqu'alors.

C'est précisément dans ce but que, par un arrêté en date du 5 mai 1895, le gouverneur général prescrivit un ensemble de dispositions, dont, *a priori*, l'efficacité semblait peu discutable. En effet, d'après les dispositions de cet arrêté, pour être admis à subir la visite réglementaire au port d'embarquement, les moutons destinés à l'exportation en France devaient nécessairement avoir été soumis, depuis cinq jours au moins et quinze jours au plus, à une première inspection sanitaire. Celle-ci devait être passée dans des localités limitativement déterminées, où un vétérinaire serait spécialement chargé d'y procéder avec toutes les précautions désirables. Quant à la preuve que cette première inspection avait été réellement subie, elle devait résulter de l'apposition sur une oreille d'une marque spéciale, pratiquée, au moyen d'une pince à tatouage, par le vétérinaire ayant procédé à cette première inspection.

Etant donné les délais d'incubation de la clavelée, la combinaison de ces deux inspections sanitaires semblait bien de nature à empêcher l'embarquement, non seulement d'animaux claveleux, mais encore d'animaux emportant avec eux les germes de la contagion.

L'événement a malheureusement trompé les espérances qu'on avait pu fonder sur l'exécution rigoureuse des mesures prescrites par l'arrêté du 5 mai 1895.

C'est donc à la clavelisation, et à la clavelisation seule, que les exportateurs algériens doivent demander la suppression des éventualités redoutables dont les menacent les autorités métropolitaines. Je ne doute pas que, dans cette voie, ils ne soient puissamment encouragés et soutenus par l'administration algérienne (1). Assurément, le courant d'exportation pourra, pendant quelque temps, refluer vers sa source et causer ainsi de regrettables préjudices. La tâche qui s'impose, pour l'assainir, n'est pas l'œuvre d'un jour. Elle se complique de difficultés, tenant non seulement à la dissémination des troupeaux algériens, mais encore et surtout au manque d'initiative, à l'incurie et à l'imprévoyance des indigènes. Ceux-ci sont, actuellement, les détenteurs à peu près exclusifs des troupeaux destinés à l'exportation. Or, ce n'est pas facilement qu'ils se résoudront à déplacer un praticien

(1) Depuis la rédaction de cet article, l'arrêté du 5 mai 1895 a été abrogé et remplacé par un nouvel arrêté en date du 28 avril 1898. Ce dernier prescrit une double série de mesures destinées à prévenir les risques d'importation en France de moutons atteints de clavelée. Il maintient pour tous les moutons, destinés à l'exportation, la nécessité de la double visite sanitaire qu'imposait déjà l'arrêté du 5 mai 1895. En outre, et c'est sur ce point qu'il complète heureusement les dispositions de l'arrêté qu'il remplace il rend la clavelisation obligatoire pour tous les troupeaux destinés à l'exportation dans lesquels des cas de clavelée seront signalés lors de la première visite sanitaire que ces troupeaux doivent subir avant de pouvoir être dirigés sur un port d'embarquement.

pour faire claveliser leurs troupeaux. Ils ne le feront guère qu'après avoir longuement constaté que, sur les marchés, les moutons clavelisés sont payés plus cher que les autres ; les enseignements des marchés sont, en effet, les seuls dont jusqu'ici les indigènes aient profité volontiers. Mais il n'est pas impossible d'envisager le jour où ces enseignements auront produit leurs fruits ; il n'est pas impossible surtout de songer que des colons français peuvent se substituer aux indigènes, non point comme éleveurs sans doute, mais comme exportateurs. Alors, apuré et assaini, le courant d'exportation reprendra plus vigoureux et plus fort, sans avoir à compter désormais avec les obstacles qui menacent actuellement de l'arrêter.

La réorganisation

des “ Djemaâ ”

Il est difficile de méconnaître l'importance de la réforme dont le gouverneur général poursuit actuellement la réalisation : je veux parler de la réorganisation des *djemaâ*. Il ne s'agit de rien moins, en effet, que de doter les indigènes algériens d'une véritable vie communale qui tienne compte de leurs habitudes et de leurs traditions, tout en cadrant, du reste, avec l'organisation administrative actuelle de l'Algérie.

La voie à suivre pour atteindre ce but n'était plus à chercher.

Déjà plusieurs actes de la législation algérienne ont consacré l'existence légale de collectivités indigènes, habituellement désignées sous le nom de *douars*, et représentées par une assemblée délibérante, désignée sous le nom de *djemaâ*. Ce sont notamment le sénatus-consulte du 22 avril 1863 et le décret du 23 mai de la même année sur la constitution de la propriété dans les tribus. Tels sont aussi l'arrêté du 20 mai 1868 sur l'organisation municipale des territoires indigènes, et le décret du 24 décembre 1870.

A s'en tenir aux analogies de l'organisation administrative de la Métropole, les *douars* peuvent, à première vue du moins, rappeler les sections de commune qu'on rencontre, en France, partout où, dans une commune, un groupe d'habitants possède un patrimoine spécial et distinct du patrimoine communal.

Quant à la *djemaâ*, elle se présente à peu près avec la physionomie et les caractères des commissions syndicales qui sont appelées à représenter et à défendre les intérêts des sections de commune, quand il y a lieu de craindre que les Conseils municipaux n'y apportent point une attention ou une impartialité suffisantes.

Mais, si naturel que soit, à ce point de vue, le rapprochement des institutions algériennes avec les institutions de la Métropole, on s'aperçoit vite que les analogies existent bien plus en apparence que dans la réalité des choses. Sous peine de méconnaître des différences qui s'imposent, l'organisation des *douars* et des *djemaâ* de la législation algérienne ne saurait être calquée sur celle des sections de commune et des commissions syndicales du droit administratif français.

Fortement constituée, la commune française n'a rien d'artificiel. Elle correspond à des groupements de familles et d'intérêts, que le législateur s'est borné à constater, en s'inclinant devant les nécessités ou les habitudes qui les avaient amenés. Aussi la section de commune, qui suppose dans une même commune des groupements d'intérêts spéciaux et distincts, ne se présente guère, en France, que comme une exception ou tout au moins comme une anomalie. Dans les cas mêmes où elle existe, c'est une simple division, bien rarement une véritable opposition d'intérêts, qu'elle introduit dans la vie communale. Tout ce qu'elle implique nécessairement, c'est la jouissance exclusive des biens figurant dans son patrimoine propre, réservée à ses seuls habitants. C'est donc seulement à raison de certaines circonstances exceptionnelles que l'existence de sections peut, dans une même commune, créer une véritable opposition d'intérêts, brisant l'unité communale. Aussi comprend-on très bien que, dans l'organisation administrative de la Métropole, la section de commune ne soit qu'exceptionnellement représentée d'une façon spéciale et distincte. De là, l'intervention purement accidentelle des commissions syndicales. En principe, le maire et le conseil municipal administrent non seulement le patrimoine communal mais encore les biens des différentes sections qui peuvent exister dans la commune.

Parmi les communes algériennes, il en est dont la notion se rapproche assez sensiblement de la notion de la commune française : ce sont les communes de plein exercice. Sans doute, dans toutes ces communes, on ne trouve pas toujours cette forte constitution que la commune française doit à un long passé de traditions et d'habitudes, parfois même de luttes et de souffrances, qui a cimenté le groupement de ses habitants. Mais on arrive presque toujours à y dégager cette unité et ce groupement d'intérêts communs qui est la caractéristique de la commune française.

Aussi bien il s'agit là de communes qui sont dotées d'une organisation identique à celle des communes françaises. Elles ont un conseil municipal, un maire et des adjoints dont le mode de nomination et les attributions sont régis par les lois en vigueur dans la métropole. C'est à peine si quelques différences, d'importance fort secondaire du reste, résultent de l'article 164 de la loi du 5 avril 1884.

Mais, à côté des communes de plein exercice, il est d'autres communes qu'on rencontre dans la législation algérienne, et qui, de la commune française, ne tiennent guère que le nom même : je veux parler des communes mixtes ou indigènes, c'est-à-dire des communes habitées à peu près exclusivement par des populations indigènes. Administrées les unes par des administrateurs civils, les autres par des officiers de bureau arabe, elles présentent, de ce chef, une physionomie toute particulière. Mais, plus encore que leur organisation spéciale, leur notion même les distingue de la commune française. Il s'agit là, en effet, presque toujours, de groupements administratifs purement artificiels. Comprenant des territoires parfois aussi vastes que des arrondissements ou des départements de la métropole, ces communes ne sont guère que de simples circonscriptions administratives, réunissant, pour les nécessités ou les facilités de l'administration, des populations hétérogènes et distinctes que rien ne rapproche naturellement les unes des autres. Au lieu d'une communauté de besoins et d'intérêts, c'est le plus souvent une opposition nettement marquée qui existe entre les différentes agglomérations qui se groupent dans la commune mixte ou indigène. De là, dans une commune ainsi constituée, la nécessité d'organismes secondaires, correspondant aux groupements naturels des populations indigènes et représentant vraiment un faisceau d'intérêts et de besoins communs. Ces organismes secondaires qu'on retrouve dans toutes les communes mixtes ou indigènes de l'Algérie, organismes que nous nous sommes le plus souvent bornés à reconnaître bien plutôt qu'à créer, ce sont précisément les douars. Dans l'organisation communale de l'Algérie, le douar est donc nécessairement appelé à jouer un rôle et à prendre une importance que la section de commune ne saurait avoir dans l'organisation communale de la métropole. C'est lui qui y représente la véritable unité communale. Il sera, sans doute, la commune de l'avenir, quand une assimilation lente et progressive aura permis de doter l'Algérie entière d'une organisation communale, qui, dans la réalité, correspondra vraiment à l'organisation communale de la métropole. En attendant, au point de vue d'une bonne politique comme d'une sage administration, il importe de lui laisser une certaine autonomie. C'est à ce prix seulement qu'on peut songer à bien délimiter et, partant, à satisfaire les intérêts et les besoins respectifs, et souvent opposés, des groupements naturels qu'il représente, et qu'on ne saurait songer à briser au profit d'une unité communale qui resterait toujours factice.

La haute administration algérienne a su comprendre cette nécessité. De là, la réorganisation des *djemaâ*, c'est-à-dire des assemblées appelées à représenter les douars et à leur assurer le bénéfice d'une sorte de vie communale groupant et défendant les intérêts et les droits de leurs habitants.

En dépit des textes qui en déterminaient les attributions et en réglaient le fonctionnement, les *djemaâ* n'ont guère eu, jusqu'à ce jour, qu'une simple existence nominale dans la plupart des communes de l'Algérie. Bien souvent des amodiations ou des aliénations de biens communaux appartenant à des douars ont été consenties sans l'intervention des *djemaâ* représentant les douars intéressés. On est même allé jusqu'à prétendre que, dans les communes de plein exercice auxquelles se trouvaient rattachées des populations indigènes, le douar avait disparu, ainsi que la *djemaâ* appelée à le représenter. Il en est résulté des empiétements et des abus, contre lesquels la haute administration algérienne n'a jamais cessé de protester, et dont la jurisprudence des tribunaux algériens a toujours proclamé le caractère illicite.

Quoi qu'il en soit, une réglementation nouvelle, venant préciser nettement l'organisation des *djemaâ*, déterminer leurs attributions et régler leur fonctionnement, paraissait éminemment désirable. Seule, elle était capable de mettre un terme aux incertitudes qui pouvaient, en la matière, résulter, soit du non-fonctionnement prolongé de l'institution, soit des remaniements successifs du régime municipal en Algérie.

Pour les communes indigènes et les communes mixtes, cette réglementation nouvelle est aujourd'hui un fait accompli. Elle a été l'objet d'un arrêté du gouverneur général en date du 11 septembre dernier (1).

(1) Le 11 septembre 1895.

Désormais, chaque *douar* sera pourvu d'une *djemaâ*, groupant, sous la présidence du caïd (1), un certain nombre de notables, qui prendront en pays arabe le nom de *kebir*, et, en pays kabyle, le nom d'*amin*. Les conditions de nomination des *kebar* et des *oumena* (2), les attributions de la *djemaâ*, les règles relatives à son fonctionnement, sont précisées de manière à mettre un terme à toutes les incertitudes antérieures, en même temps qu'à assurer la vitalité de l'institution.

Voilà donc bien les indigènes dotés d'une véritable organisation communale qui, sans entraîner aucun remaniement dans l'organisation administrative actuelle de l'Algérie, tient cependant le plus large compte des habitudes, des traditions, des intérêts et des besoins qui ont amené et expliquent leurs groupements.

Mais, limitée aux communes mixtes et indigènes, une semblable réforme resterait incomplète. Toutes les populations indigènes de l'Algérie sont loin d'être exclusivement groupées dans ces communes. Il est des agglomérations indigènes importantes et nombreuses dont les territoires se trouvent aujourd'hui compris dans le périmètre de communes de plein exercice. De prime abord, cela peut étonner. Faites pour doter les centres européens des avantages de la vie communale, les communes de plein exercice semblent ne devoir grouper que des populations européennes. Comment y comprendre

(1) A la tête de chaque douar, est placé un adjoint indigène ou caïd qui, sous les ordres des administrateurs ou des officiers de bureau arabe, est chargé, dans son douar, de seconder et d'assurer l'action des autorités françaises.

(2) Ce sont là les pluriels de *kebir* et d'*amin*.

l'annexion d'agglomérations indigènes nombreuses et importantes? L'étonnement est bien légitime, car il procède de l'ignorance des errements déplorables dans lesquels s'est trop longtemps complu la haute administration algérienne.

Le nombre des communes de plein exercice est aujourd'hui considérable en Algérie. Dans ces vingt-cinq dernières années surtout, il s'est singulièrement accru.

Or, il est incontestable qu'on s'est trop hâté de marcher dans cette voie. Trop souvent, en effet, on a érigé, en communes de plein exercice, des centres européens dont l'importance et les ressources étaient loin de correspondre aux nécessités de la vie communale. Incapables de subvenir par eux-mêmes à leurs propres dépenses, ils eussent été sans doute condamnés à végéter misérablement, sans un procédé commode auquel l'administration s'est trop aisément résignée. Ce procédé a consisté à rattacher au centre européen, qu'on voulait ériger en commune de plein exercice, un certain nombre de douars qu'on détachait dans ce but des communes mixtes ou indigènes auxquelles ils appartenaient. La commune nouvelle se trouvait ainsi constituée par un groupe, souvent fort minime, d'Européens et une population indigène beaucoup plus considérable. Du même coup, on donnait ainsi satisfaction aux ambitions locales, et on assurait l'existence de la nouvelle commune.

La principale ressource des communes algériennes consiste en effet dans la part qui leur est attribuée sur les produits de l'octroi de mer, c'est-à-dire d'un impôt de consommation perçu par l'administration des douanes sur la presque totalité des marchandises qui entrent par mer en Algérie. Or la part de chaque commune est fixée proportionnellement au chiffre de sa population. De là, l'intérêt manifeste que tout centre européen, érigé en commune de plein exercice, avait à se voir adjoindre une population indigène considérable, et les sollicitations dont l'administration algérienne était l'objet sur ce point. En outre, comme les Européens et dans les mêmes conditions, les indigènes sont, dans leurs communes respectives, inscrits sur le rôle des prestations en nature. Rattacher à la commune nouvelle quelques milliers d'indigènes, c'était par là même lui assurer, pour l'exécution et l'entretien des travaux communaux, tout un monde de travailleurs.

Ces simples observations suffisent à mettre en évidence l'intérêt capital de tout centre européen érigé en commune de plein exercice, à se faire rattacher une population indigène considérable. Tout aurait donc été pour le mieux, si l'intérêt des nouvelles communes avait été seul en cause.

Mais on ne tarda pas à se convaincre que le procédé était déplorable, soit au point de vue de l'administration générale du pays, soit au point de vue des intérêts et des droits des populations indigènes rattachées aux nouvelles communes.

Succédant au régime des communes mixtes ou indigènes, le régime des communes de plein exercice substitue, à l'autorité des administrateurs civils ou des officiers de bureau arabe, l'autorité des maires et de leurs adjoints. C'est à ceux-ci désormais d'administrer les populations indigènes dépendant de leurs communes respectives. Or, l'administration d'une population indigène de plusieurs milliers d'individus est loin d'être aussi simple que l'administration d'une population européenne de quelques centaines d'âmes. Dans les communes mixtes et les communes indigènes, elle suffit à absorber toute l'activité de fonctionnaires dont on ne peut méconnaître le zèle et les aptitudes spéciales. En admettant que les maires apportent à l'administration des indigènes de leur commune un dévouement égal, il parait bien évident qu'ils n'y peuvent pas toujours apporter une compétence comparable. De plus, ils n'ont qu'un temps limité à lui consacrer. Qu'ils soient commerçants, industriels ou colons, ils ont leurs occupations personnelles. On ne saurait donc leur faire un reproche de ne point consacrer au service des intérêts publics un temps qu'absorbe souvent le soin de leurs propres intérêts. De là, cette constatation qu'a dû faire la haute administration algérienne : c'est que, dans nombre de communes de plein exercice, les populations indigènes restaient livrées à elles-mêmes sans aucune administration. De ce chef, elle a dû déjà s'appliquer à remédier à un état de choses dont les inconvénients et les dangers s'accroissaient tous les jours (1).

Mais ce n'est pas seulement au point de vue de l'administration générale du pays que s'est révélé déplorable le rattachement d'agglomérations indigènes à des communes de plein exercice, c'est également en ce qui concerne la protection et la défense des intérêts et des droits des populations indigènes qui en ont été l'objet.

(1) C'est ainsi que l'administration supérieure a dû créer un service de sûreté spécialement chargé de la police et de la sécurité dans les agglomérations indigènes rattachées aux communes de plein exercice.

Sans doute, dans les communes de plein exercice, les indigènes sont bien admis à prendre une certaine part à la vie communale. Ils sont, en effet, appelés à élire des représentants qui siègent, en leur nom, au sein du Conseil municipal. Ces représentants sont choisis actuellement dans les conditions que précise le décret du 7 avril 1884. Sauf en ce qui concerne les élections des délégués sénatoriaux, du maire et des adjoints, auxquelles ils ne sont point admis à prendre part, ils ont les mêmes prérogatives et les mêmes droits que leurs collègues désignés par les électeurs français. Mais, si éclairés, si dévoués qu'on les suppose, ils sont trop souvent réduits à n'apporter dans les délibérations des corps municipaux que d'impuissantes protestations. Ils n'y forment jamais, en effet, qu'une très faible minorité. D'après le décret du 7 avril 1884, leur nombre, en principe proportionnel à la population qu'ils représentent, ne peut jamais dépasser le quart de l'effectif total des membres du Conseil, ni, en aucun cas, être supérieur à six conseillers. Dans ces conditions, comment croire qu'ils puissent défendre efficacement les intérêts de leurs commettants, pour peu que ces intérêts se trouvent en conflit avec ceux des colons ?

Cela est d'autant plus redoutable pour les populations indigènes rattachées aux communes de plein exercice, qu'elles n'ont pas seulement des intérêts et des besoins dont il importe de se préoccuper, mais souvent aussi des biens appartenant en propre aux différents douars dans lesquels elles se groupent. De là, le danger de voir absorber dans le patrimoine communal des biens qui sont la propriété exclusive de telle ou telle collectivité indigène, sans que celle-ci puisse efficacement se défendre et revendiquer ses droits. L'expérience a révélé que ce danger n'avait rien de chimérique. C'est surtout à un semblable abus que le gouverneur général s'est préoccupé de parer en proposant d'étendre aux collectivités indigènes des communes de plein exercice le bénéfice de la réforme déjà réalisée par lui dans les communes mixtes ou indigènes. C'est là le but d'un projet de décret préparé par ses soins et présenté par lui à l'agrément du chef de l'Etat. Ce projet porte, en effet, réorganisation des djemaâ dans toutes les communes de plein exercice dont dépendent des populations indigènes.

Sans doute, légalement, les *djemaâ* n'ont jamais cessé d'exister dans les douars rattachés aux communes de plein exercice, pas plus qu'elles n'avaient cessé d'exister dans les douars dépendant de communes mixtes ou indigènes. Mais, en fait, elles ont presque partout cessé de fonctionner ; ce sont les Conseils municipaux qui, sans se préoccuper des *djemaâ*, ont pris l'habitude de gérer les biens des douars rattachés à la commune, et même d'en disposer, exactement comme s'il s'agissait de biens appartenant à la commune elle-même. De là, des illégalités contre lesquelles n'a jamais cessé de protester la haute administration algérienne et qu'a toujours condamnées la jurisprudence des tribunaux. Quoi qu'il en soit, il y a là, pour les indigènes, une situation de fait regrettable qu'il importe d'améliorer.

Une réorganisation sérieuse et effective des *djemaâ* aurait, sans contredit, pour effet de rendre plus difficiles, sinon impossibles, des illégalités et des abus aujourd'hui trop fréquents. En s'attachant à la réaliser, le projet de décret que je signale poursuit donc un but éminemment utile. D'une importance capitale pour l'avenir des populations indigènes le plus directement en contact avec les Européens, ce projet se recommande à toute l'attention des pouvoirs publics. Il précise nettement tout ce qui concerne l'organisation, le fonctionnement et les attributions des *djemaâ* auxquelles il se réfère. Grâce à l'indépendance et à l'autonomie qu'il leur assure, il en fait des assemblées vraiment capables de défendre les intérêts et les droits dont le soin leur est confié. On peut espérer que le chef de l'Etat n'hésitera point à étendre aux communes de plein exercice le bénéfice d'une réforme assurant aux indigènes, pour la défense de leurs intérêts et la garantie de leurs droits, l'incontestable appui d'un organisme régulier spécialement créé à cet effet. J'ai signalé les regrettables errements qui ont amené à comprendre, dans le périmètre de bien des communes de plein exercice, de vastes territoires exclusivement peuplés par des indigènes. Ces errements deviendraient plus regrettables encore s'ils devaient être la source d'injustifiables défaveurs Ce serait le cas si les collectivités indigènes des communes de plein exercice restaient exclues du bénéfice de la réorganisation des djemaâ. Bien plus encore que celles des communes mixtes ou indigènes, ces collectivités ont à être protégées et défendues. Les conseils municipaux et les maires dont elles dépendent sont peu portés à se préoccuper d'autres intérêts que ceux de leurs électeurs. On ne risque guère de rencontrer chez eux, pour les besoins des indigènes et le respect de leurs droits, la sollicitude éclairée dont font souvent preuve les administrateurs et les officiers de bureau arabe. A plus d'un titre, l'intervention de djemaâ, sérieusement et solidement organisées, serait donc, dans les communes de plein exercice, plus manifestement utile que dans les autres communes de l'Algérie. Dans tous les cas, ne serait-il pas vraiment choquant qu'on ne se préoccupât point d'assurer à toutes les populations indigènes de l'Algérie les mêmes protections et les mêmes garanties pour la défense et la sauvegarde de leurs intérêts et de leurs droits ?

LES

Droits de quai et de statistique

dans les ports Algériens

La promulgation de la loi, portant fixation du budget des recettes et des dépenses pour l'année 1896, a soulevé, en Algérie, bien des protestations et bien des critiques. Toutes, sans doute, ne méritent point au même degré de retenir l'attention des pouvoirs publics. Mais il faut reconnaître que certaines des modifications, apportées par la loi du 28 décembre 1895 au régime fiscal de l'Algérie, entraînent des conséquences trop regrettables et trop manifestement imprévues pour qu'on ne se préoccupe point d'y remédier au plus tôt.

Telles sont notamment les dispositions des articles 13 et 14 de la loi (1).

(1) Voici les termes de ces textes :

Art. 13. — Le droit de statistique établi par l'article 3 de la loi du 22 janvier 1872 sera perçu en Algérie.

Le premier de ces textes entraîne l'application, dans les ports algériens, du droit de statistique établi par l'article 3 de la loi du 22 janvier 1872.

Le second y rend applicable le droit de quai, dans les conditions où ce droit est liquidé et perçu dans les ports de la métropole, en vertu de l'article 6 de la loi du 30 janvier 1872.

En définitive, soit en ce qui concerne le droit de statistique, soit en ce qui concerne le droit de quai, les deux textes précités entraînent l'assimilation complète des ports algériens aux ports français.

On sait ce qu'est le droit de statistique créé par la loi du 22 janvier 1872. Perçu d'après un tarif unique de dix centimes par colis, par 1.000 kilogrammes, par mètre cube ou par tête, suivant la nature des marchandises (1), ce droit est destiné à subvenir aux frais de la statistique commerciale. Jusqu'au 1er janvier 1896, il était resté inconnu dans les ports algériens. Il n'était exigible, en effet, que sur les marchandises entrant dans un port français ou sortant d'un port français, pourvu

Seront exempts de cette taxe : 1° les produits importés de France en Algérie et réciproquement ; 2° les marchandises exemptées du droit de douane par le tableau D de la loi du 17 juillet 1837.

Art. 14. — Le droit de quai, tel qu'il est établi par l'article 6 de la loi du 30 janvier 1872, sera perçu dans les ports d'Algérie.

La navigation entre la France et l'Algérie sera exempte de ce droit.

Les lois des 20 mars 1873 et 12 mars 1877 sont abrogées.

(1) Voici les termes de l'article 3 de la loi du 22 janvier 1872 : Il est établi, pour subvenir aux frais de la statistique commerciale, un droit spécial de dix centimes par colis sur les marchandises en futailles, caisses, sacs ou tout autre emballage ; de dix centimes par mille kilogrammes ou par mètre cube sur les marchandises en vrac, et de dix centimes par tête sur les animaux, vivants ou abattus, des espèces chevaline, bovine, ovine, caprine et porcine.

d'ailleurs que leur provenance ou leur destination ne fut pas un autre port français (1). Or, jusqu'au 1er janvier 1896, les ports algériens ne pouvaient être considérés comme des ports français ; ils étaient assimilés aux ports de l'étranger ou des autres colonies françaises. Il en résultait que les expéditions faites de France en Algérie, ainsi que les importations algériennes dans un port français étaient respectivement assujetties au droit de statistique : les premières à la sortie de la métropole, les secondes à l'entrée. Mais il en résultait aussi que les marchandises, importées directement de l'étranger en Algérie, ou exportées de l'Algérie à l'étranger, n'étaient point atteintes par le droit, qui frappait exclusivement les marchandises entrant dans un port français ou sortant d'un port français.

Désormais, en vertu de l'article 13 de la loi du 28 décembre 1895, le droit de statistique est introduit dans les ports algériens. Ceux-ci sont, en ce qui le concerne, considérés comme ports français. De là, sa disparition dans les relations entre l'Algérie et la France, en même temps que son établissement dans les relations de l'Algérie avec l'étranger ou les différentes colonies françaises : double conséquence également forcée de l'assimilation des ports algériens aux ports français.

L'article 14 de la loi du 28 décembre 1895 réalise, pour le droit de quai établi par l'article 6 de la loi du 30 janvier 1872, une réforme analogue à celle que l'article 13 effectue en ce qui concerne le droit de statistique. Jusque-là, les règles de perception fixées par l'article 6

(1) En pareil cas, il n'y a, en effet, ni exportation, ni importation.

de la loi du 30 janvier 1872 étaient restées inapplicables dans les ports algériens. Les relations que l'Algérie entretenait avec la France étaient traitées de la même manière que les relations de la France avec l'étranger ou les autres colonies françaises. Tout navire qui, sortant d'un port algérien, entrait dans un port français, devait nécessairement, dans ce dernier port, acquitter le droit de quai dans les mêmes conditions que les navires venant d'un port étranger ou des colonies françaises.

Inversement, le droit de quai n'était point exigible des navires qui, de l'étranger ou des colonies françaises, venaient toucher dans les ports algériens.

Il est vrai que, dans ces ports, le droit de quai n'était point inconnu. Mais il y était perçu dans les conditions précisées par deux lois spéciales à l'Algérie : les lois du 20 mars 1875 et du 12 mars 1877. Au lieu d'être liquidé, ainsi que l'exigeait l'article 6 de la loi du 30 janvier 1872, sur le tonnage de jauge, à raison de 0,50 centimes ou de 1 franc suivant la provenance du navire qui devait l'acquitter, il était liquidé sur le tonneau d'affrètement : en d'autres termes, un navire de 2.000 tonnes de jauge, qui, dans un port français, aurait dû nécessairement acquitter un droit de quai liquidé à 1.000 ou 2.000 francs suivant sa provenance, n'était taxé, dans les ports algériens, qu'à raison de la quantité de marchandises effectivement débarquées ou embarquées, soit 50 ou 100 francs par exemple, s'il déchargeait ou prenait seulement 100 tonnes de marchandises.

L'assimilation des ports algériens aux ports français devait nécessairement entraîner, comme première conséquence, la disparition du droit de quai dans les relations de l'Algérie avec la France, puisque les relations de port français à port français ne rendent point ce droit exigible. Mais elle comportait nécessairement aussi l'application aux ports algériens des règles de perception de ce droit, telles que les précise l'article 6 de la loi du 30 janvier 1872, et, partant, entraînait l'abrogation des lois spéciales du 20 mars 1875 et du 12 mars 1877.

J'ai cité tout à l'heure le texte des articles 13 et 14 de la loi du 28 décembre 1895. Il est dès maintenant facile de constater que, soit en ce qui concerne le droit de statistique, soit en ce qui concerne le droit de quai, ils assimilent les ports algériens aux ports de la métropole, et adoptent expressément les conséquences que cette assimilation comporte.

Comment expliquer, sur ce point, les innovations de la dernière loi de finances ?

Assurément, ce n'est point un intérêt fiscal qui a pu pousser le législateur à les réaliser. Les relations de l'Algérie avec la France ayant une importance bien supérieure à celle de ses relations avec l'étranger, l'établissement du droit de statistique sur les échanges de l'Algérie avec l'étranger et les colonies françaises ne pouvait compenser sa disparition dans les échanges entre l'Algérie et la France. Pour la même raison, les droits de quai, imposés dans les ports algériens aux navires venant de l'étranger ou des colonies françaises, ne pouvaient équivaloir aux droits de quai acquittés, dans les ports français, par les navires venant d'Algérie. De ce double chef, le projet de budget prévoyait même un déficit qu'il n'évaluait pas à moins de 700.000 fr. : 200.000 pour le droit de statistique, 500.000 francs pour les droits de quai. C'est donc bien une faveur que le législateur entendait faire à l'Algérie, et qu'il estimait assez grande pour la réaliser en dépit des sacrifices qu'elle causait au Trésor.

On ne peut nier, d'ailleurs, que la réforme ne soit de nature à améliorer, à faciliter, dans une assez large mesure, les relations commerciales entre l'Algérie et la France, puisque, grâce à elle, ces relations seront affranchies désormais de droits qui les rendaient plus onéreuses. Entre l'Algérie et la France, la navigation est désormais affranchie de tout droit de quai, de tout droit de statistique.

Mais alors comment comprendre les protestations qu'a soulevées, en Algérie, la promulgation de l'article 13 et surtout de l'article 14 de la loi du 28 décembre 1895 ?

Inexplicables, si on devait y voir l'expression des sentiments de la colonie entière, ces protestations se comprennent sans peine, alors qu'on se place uniquement au point de vue de l'avenir et du développement du port d'Alger.

Il est peu d'exemples d'une prospérité aussi rapide que celle de ce port. Depuis 10 ans, le nombre des navires qui le fréquentent a presque doublé, leur tonnage a plus que triplé. Actuellement, au point de vue du trafic, il supporte la comparaison des plus grands ports de la métropole. A ne considérer que le nombre et le tonnage des navires qui le fréquentent, il se place immédiatement après Marseille et le Havre. En comptant seulement le tonnage effectif des marchandises embarquées ou débarquées, il vient encore au septième rang des ports français. Nombre des navires qui le visitent sont donc soit de simples relâcheurs, soit des navires n'y laissant ou n'y prenant qu'une portion de leur chargement.

Quoi qu'il en soit, ce mouvement de navires est, pour le port d'Alger, la source d'une incontestable prospérité. C'est d'abord parce qu'il alimente le commerce local. Le commerce du charbonnage notamment qui, en 1885, avait vendu aux relâcheurs à peine 8.000 tonnes de combustible, leur en a vendu, en 1894, plus de 221.000. Aussi s'explique-t-on que, justement ému de cette concurrence, Gibraltar se soit préoccupé des moyens d'attirer et de retenir la foule des relâcheurs qui l'abandonnaient pour Alger. De là les travaux qui y ont été récemment entrepris, en vue d'améliorer le port et d'y multiplier les avantages offerts aux relâcheurs. J'ai sous les yeux un intéressant rapport adressé au président de la chambre de commerce d'Alger. Un notable commerçant algérien, M. Delacroix, y énumère et y précise les travaux entrepris à Gibraltar. Leur importance indique tout le prix que ce port attache à la clientèle des relâcheurs.

Mais ce n'est pas seulement parce que les navires en relâche alimentent le commerce local, qu'il importe de les attirer dans le port d'Alger ; c'est aussi parce que, mettant ce port en relation directe avec tous les pays qu'ils desservent, ils procurent au commerce de l'Algérie avec l'étranger d'inappréciables facilités. Placé sur les grandes routes maritimes, reliant l'Adriatique, la mer Noire, la Syrie, l'Égypte, l'Afrique orientale, les Indes et l'Extrême-Orient avec l'Angleterre et tout le nord de l'Europe, le port d'Alger peut être, sans détour, visité par les innombrables navires qui sillonnent ces grandes voies de la mer. De là, pour lui, l'avantage d'un commerce d'exportation riche de relations directes avec la moitié du monde au moins, et partant, pour lui-même et pour l'Algérie entière, la source d'une incontestable prospérité.

Les dispositions de la loi du 28 décembre 1895 ne sont-elles pas de nature à arrêter et à compromettre cette prospérité, à écarter du port d'Alger nombre des navires qui l'avaient choisi comme port d'escale ou de relâche ?

Il est permis de le craindre.

Sans doute, les droits de quai sont sans application possible aux navires en relâche forcée, c'est-à-dire aux navires n'entrant dans le port d'Alger qu'en vue de se ravitailler en vivres ou en combustible. L'application des droits de quai suppose nécessairement un navire se livrant, dans le port d'Alger, à une opération commerciale, un embarquement ou un débarquement de marchandises. En ce qui concerne les navires en relâche forcée, le nouveau régime se traduit seulement par une majoration de 20 centimes par tonne sur le combustible embarqué pour leur ravitaillement. Cette majoration résulte de la perception d'un double droit de statistique. Le charbon vendu par les commerçants algériens est presque exclusivement du charbon anglais. Déjà grevé d'un premier droit de statistique de 10 centimes par tonne lors de son entrée à Alger, il doit en acquitter un second lors de sa réexpédition. De là une majoration regrettable. Elle est, en effet, de nature à rendre plus difficile pour les commerçants algériens la concurrence que, jusqu'ici, ils avaient pu soutenir contre les commerçants de

Gibraltar ou de Malte. Vingt centimes par tonne, c'est sur un commerce annuel de 50.000 à 60.000 tonnes, un écart de 10 à 12.000 francs. Ce serait, disent les intéressés, la suppression presque totale des bénéfices nécessairement très limités que permet la concurrence des ports rivaux. Dans ces conditions, n'est-ce pas, à brève échéance, la disparition du charbonnage dans le port d'Alger ?

Les intérêts locaux ne seraient pas seuls à en souffrir. On ne saurait oublier, en effet, que les approvisionnements du commerce algérien seraient, au cas d'une guerre maritime, amplement suffisants pour assurer le ravitaillement de la flotte française. De là, pour l'État, le bénéfice d'approvisionnements dont l'entretien ne lui incombe point. Il lui faudrait nécessairement y pourvoir lui-même par l'établissement de coûteux entrepôts, si Alger voyait décliner et disparaître son commerce de charbonnage.

Une atteinte grave, mortelle peut-être, apportée à un commerce dont la prospérité importe même aux intérêts de la défense nationale, telle est l'une au moins des perspectives qu'ouvre l'application au port d'Alger de l'article 13 de la loi du 28 décembre 1895.

Mais bien plus regrettable encore apparaît l'application de l'article 14 de la même loi. En vertu de ce texte, le droit de quai, liquidé conformément à l'article 6 de la loi du 30 janvier 1872, est nécessairement exigible de tout navire qui, venant de l'étranger ou des colonies françaises, entre dans le port d'Alger pour y laisser ou y prendre du fret. Supposons un steamer anglais de 4.000 tonnes de jauge, faisant le service entre Liverpool et l'Extrême-Orient et laissant à Alger 20 tonnes de marchandises qu'il remplacerait par 20 tonnes de produits locaux. Il devra désormais acquitter un droit de quai de 2.000 francs s'il vient d'Angleterre, de 4.000 francs s'il vient d'Extrême-Orient. C'est fermer le port d'Alger à ces nombreux navires qui l'avaient choisi comme lieu de relâche, précisément à raison du fret qu'ils y pouvaient laisser ou prendre.

Et qui donc en profitera ?

Evidemment ce n'est point le Trésor. Frappés de droits exagérés, les navires étrangers déserteront le port d'Alger, et le Trésor ne percevra même plus les autres droits, droits sanitaires ou autres, que ces navires acquittaient précédemment.

Sera-ce l'Algérie ? Comment le croire puisqu'on ferme, pour ainsi dire, à ses produits naturels, notamment à ses vins, à ses huiles et à ses lièges, des débouchés directs aussi précieux que l'Extrême-Orient, les Indes, l'Angleterre, la Belgique, l'Allemagne, la Hollande et ses grandes colonies des îles de la Sonde ?

Sera-ce la métropole ? Mais son sol lui fournit des produits similaires aux produits algériens. Loin de chercher à les monopoliser, elle doit plutôt s'attacher à en éviter la trop grande affluence sur ses marchés, où ils entraîneraient la dépréciation de ses propres produits.

Dira-t-on que la marine métropolitaine y trouvera son avantage ? Ce serait gratuitement supposer qu'elle peut assurer les services effectués par les navires qu'on éloigne d'Alger. D'autre part, peut-on dire qu'elle aurait intérêt à voir tous les produits algériens affluer vers les ports français ? Sans doute, il s'agit là d'un transit dont elle a le monopole. Mais il n'est nullement démontré que la consommation française offre un débouché suffisant à tous les produits de l'Algérie. Amenés exclusivement sur les marchés français, ceux-ci courraient grand risque d'y subir une dépréciation de nature à décourager les producteurs algériens. Où serait donc, en fin de compte, le bénéfice que notre marine marchande trouverait dans des mesures susceptibles de tarir, en Algérie, les sources mêmes de la production ?

En définitive, appliquées au port d'Alger, les dispositions des articles **13** et **14** de la dernière loi de finances ne se signalent guère que par les fâcheuses conséquences qu'elles entraînent. Le régime qu'elles introduisent ruine le résultat des efforts au prix desquels le commerce algérien avait réussi à faire d'Alger un lieu d'escale et de relâche pour de nombreux services maritimes. Il compromet d'avance l'utilité des importants travaux dont la Chambre de commerce d'Alger a pris l'initiative en vue de donner à son port une sûreté complète et un outillage de premier ordre. Aussi ne peut-on s'étonner de la légitime émotion du commerce algérien et des protestations qu'il a fait entendre.

Avec une prudence digne d'éloges, l'administration a cru devoir apporter à l'application des nouveaux droits tous les tempéraments compatibles avec le texte même de la loi. Dès la première quinzaine de janvier, l'administration des douanes faisait savoir qu'aux navires en relâche forcée, elle assimilerait soit les navires n'embarquant ou ne débarquant que des voyageurs, soit même ceux qui embarqueraient ou débarqueraient moins de 3 tonnes de marchandises. Plus récemment, le ministre des Finances a pris une décision, en vertu de laquelle les houilles extraites d'entrepôt et destinées au ravitaillement n'auront plus à acquitter le second droit de statistique exigible au moment de leur réexpédition. Applicable à dater du 20 avril, cette décision est incontestablement de nature à diminuer, pour le commerce du charbonnage, les difficultés créées par le régime appliqué depuis le 1er janvier 1896. Voilà certes de sages tempéraments auxquels on ne peut qu'applaudir. Mais il ne saurait dépendre des autorités administratives d'écarter toutes les conséquences fâcheuses des articles 13 et 14 de la loi du 28 décembre 1895. Aussi serait-il désirable que le Parlement se préoccupât lui-même de la question, puisque de lui seul peut venir le remède.

A l'ordre du jour de la Chambre des députés figure une proposition présentée par MM. André Lebon, Gruet, Labat, Plichon, Étienne et Charruyer. Cette proposition supprime, d'une façon générale, le régime créé par l'article 6 de la loi du 30 janvier 1872. Elle remplace le droit de quai, tel que ce texte le détermine, par une taxe que, pour chaque port, fixerait un décret réglementaire rendu après avis préalable de la Chambre de commerce, de la municipalité et des administrations compétentes.

Il est évident que le vote de cette proposition permettrait d'apporter à la situation dont souffre le port d'Alger tous les remèdes désirables. Mais c'est là, on ne saurait l'oublier, une proposition d'initiative parlementaire. A moins que le gouvernement ne la fasse sienne, elle paraît peu susceptible d'aboutir à brève échéance. C'est, d'ailleurs, une loi générale. Peut-être soulèverait-elle des objections de nature à en retarder le vote. Or, il importe manifestement, pour l'avenir du port d'Alger, de ne point laisser se prolonger la situation actuelle. Les statistiques douanières, afférentes au premier trimestre de 1896, établissent que, durant cette période, le nombre des navires étrangers ayant fait escale à Alger est de 103. Pendant la période correspondante de 1895, ce nombre avait été de 121. Si l'on compare ces deux chiffres, on constate que, durant le premier trimestre de son application, le nouveau régime a fait diminuer de près d'un cinquième les relations d'Alger avec l'étranger. Et ce n'est là qu'un commencement. Jusqu'à ce jour, en effet, on a pu présenter le nouveau régime comme purement provisoire. C'était, pouvait-on dire, le résultat d'une erreur législative qui serait promptement réparée. Dans l'espoir d'une prompte réforme, bien des compagnies de navigation n'ont pas cru devoir immédiatement modifier leurs itinéraires. D'autres sont encore retenues à Alger par la nécessité d'assurer l'exécution de marchés antérieurement conclus. Mais ce sont là des raisons purement transitoires. Le jour où elles n'existeront plus, la décadence ne manquera pas de s'accentuer, rapide autant qu'irrémédiable. Toute temporisation, tout retard serait donc profondément regrettable. M. Doumer avait, paraît-il, promis aux délégués du commerce algérien de présenter aux Chambres un projet de loi revenant, en ce qui concerne le port d'Alger, sur les innovations de la dernière loi de finances. Espérons que son successeur ne se désintéressera point de la question et saura la faire résoudre, avant que le port d'Alger ait été pour jamais déserté par bien des navires qui l'animent encore aujourd'hui (1).

(1) Cette loi spéciale que les commerçants du port d'Alger attendaient avec anxiété n'est point intervenue. Mais, le 23 décembre 1897, a été

promulguée une loi générale qui leur donne toutes les satisfactions qu'ils pouvaient désirer. Cette loi modifie radicalement, pour tous les ports de France et d'Algérie, le régime du droit de quai, tel qu'il résultait de l'art. 6 de la loi du 30 janvier 1872.

Voici les dispositions de cette loi nouvelle :

Art. 1er. — Les navires de tous pavillons, chargés en totalité ou en partie, venant de l'étranger ou des colonies françaises autres que l'Algérie, acquitteront le droit de quai dans les ports de France ou d'Algérie d'après le tarif suivant :

Un franc par tonneau de jauge nette si le nombre total de tonnes métriques de marchandises débarquées ou embarquées est supérieur à la moitié de la jauge nette du navire ;

Cinquante centimes par tonneau de jauge nette si le nombre total de tonnes métriques de marchandises débarquées ou embarquées est égal ou inférieur à la moitié de la jauge nette et supérieur au quart de cette jauge ;

Vingt-cinq centimes par tonne de jauge nette si le nombre total de tonnes métriques de marchandises débarquées ou embarquées est égal ou inférieur au quart de la jauge nette et supérieur au dixième de cette jauge ;

Dix centimes par tonne de jauge nette si le nombre total de tonnes métriques de marchandises débarquées ou embarquées est égal ou inférieur au dixième de la jauge nette.

Cette taxe sera réduite de moitié pour les navires débarquant des marchandises, quand ces navires seront en provenance d'un port situé dans les limites du cabotage international telles qu'elles résultent de la loi du 30 janvier 1893. Il en sera de même pour les navires embarquant des marchandises, quand ces navires sont à destination d'un port situé dans les mêmes limites.

Les navires effectuant dans le même port des opérations de débarquement et d'embarquement seront taxés séparément pour les opérations d'entrée et de sortie d'après les taux ci-dessus.

Art. 2. — En cas d'escales successives, les droits de quai seront perçus dans chaque port d'après les règles fixées à l'art. 1er ; mais, en aucun cas, le total des droits à percevoir sur un navire en voyage ne pourra dépasser un franc par tonne de jauge nette.

Ce droit est réduit à cinquante centimes pour les navires se trouvant dans les conditions prévues au paragraphe 6 de l'art. précédent.

Art. 3. — Dans le calcul du tonnage des opérations, chaque passager embarqué ou débarqué sera considéré comme équivalent à une tonne de marchandise. Il en sera de même pour chaque tête de gros bétail, chevaux et mulets. Chaque tête de petit bétail équivaudra à un quart de tonne ; les bagages des passagers, y compris les petites provisions de voyage qu'ils ont avec eux, ne seront pas comptées dans l'évaluation des marchandises débarquées ou embarquées.

Art. 4. — Les droits de quai imposés par les articles précédents ne seront perçus, dans les ports d'Algérie, que sur les marchandises, passagers, animaux et voitures débarqués.

Art. 5. — Les opérations de ravitaillement et d'approvisionnement de charbon ne sont pas considérées comme opérations de commerce.

Art. 6 — Sont abrogés :

L'art. 6 de la loi du 30 janvier 1872 ;

L'art. 7 de la loi de finances du 29 juillet 1881 ;

Le paragraphe 1er de l'art. 14 de la loi de finances du 28 décembre 1895.

J'ai rapporté intégralement les dispositions de cette loi pour montrer qu'elle donne une satisfaction complète à toutes les justes critiques qu'avait soulevées l'application au port d'Alger de l'art. 6 de la loi du 30 janvier 1872.

Il suffit, en outre, de se reporter aux dispositions des art. 4 et 5 de la loi pour voir que celle-ci s'est spécialement préoccupée, et de favoriser en Algérie le commerce d'exportation, et d'y encourager le commerce du charbonnage.

Assurément, depuis longtemps, on critiquait le régime de l'article 6 de la loi du 30 janvier 1872 ; il avait été néfaste pour le commerce d'exportation de la France. Mais ce sont incontestablement les doléances très vives, dont son application a été l'objet en Algérie, qui ont attiré sur ce régime toute l'attention du législateur. Il n'a pu résister à l'examen. En combattant pour sa propre cause, le port d'Alger a combattu pour la cause de tous les ports français, puisque, grâce au nouveau régime de la loi du 23 décembre 1897, ces ports pourront être visités par une foule de navires qui, depuis 1872, les avaient désertés. Aussi comprend-on fort bien que, dans la réforme qu'il réalisait, le législateur de 1897 ait introduit certaines dispositions qui tendent tout particulièrement à assurer la prospérité du port d'Alger.

La Réforme

DES

Cours d'assises en Algérie

De toutes les institutions apportées à l'Algérie par le vent d'assimilation qui, depuis vingt-cinq ans, a soufflé de la métropole, il n'en était guère de moins appropriées que les cours d'assises venant y fonctionner dans les mêmes conditions qu'en France.

On s'accorde aujourd'hui à le reconnaître.

On diffère seulement sur le sens et la portée des réformes qu'il convient de réaliser en vue de doter notre grande colonie africaine de juridictions criminelles plus spécialement organisées pour elle.

Nous allons d'abord, ici, indiquer les principaux inconvénients qu'a révélés le fonctionnement, en Algérie, de cours d'assises calquées sur le modèle des cours d'assises de la métropole.

Nous verrons ensuite les réformes qu'on propose ou

qu'on a proposées dans le but de supprimer, ou tout au moins d'atténuer, les vices de l'organisation actuelle.

I

C'est à un décret du gouvernement de la Défense Nationale, en date du 24 octobre 1870, que l'Algérie est redevable de la juridiction des cours d'assises, fonctionnant, comme en France, avec l'assistance du jury.

Jusque-là, les cours d'assises de la colonie n'avaient compris que des magistrats. Leur organisation remontait au décret du 19 août 1854. Elles étaient appelées à connaître de tous les crimes commis dans les territoires civils de l'Algérie. Jugeant sans l'assistance du jury, les magistrats qui les composaient prononçaient seuls sur la culpabilité et sur l'application de la peine. Ils statuaient au nombre de cinq juges, suivant les formes établies par la loi métropolitaine. Quant aux crimes commis en territoire militaire, ils restaient régis par les dispositions antérieures. Quelle que fût la nationalité de leurs auteurs, ces crimes étaient déférés aux conseils de guerre.

Peu après, un décret du 15 décembre 1858 vint compléter la composition de la cour d'Alger par la création d'une chambre des mises en accusation. Enfin, un second décret du 15 mars 1860 enleva aux conseils de guerre, pour la déférer aux cours d'assises, la connaissance des crimes commis, en territoire militaire, par les Européens, les Israélites et les Musulmans naturalisés. Mais, en dehors de ces réformes d'ordre secondaire, qui ne faisaient, du reste, que l'améliorer ou la confirmer, l'organisation réglée par le décret du 19 août 1854 subsista jusqu'au décret du 24 octobre 1870.

Il n'est pas inutile de rappeler à quels motifs ont obéi les rédacteurs de ce décret.

« Considérant », est-il dit dans le décret du 24 octobre 1870, « que l'assimilation du régime politique et administratif de l'Algérie à celui de la métropole appelle l'assimilation de leurs institutions judiciaires;

« Considérant que le jugement par jurés des causes criminelles est l'un des principes de notre droit public, et que le développement de la colonisation rend aujourd'hui son application nécessaire à l'Algérie ;

« Le Gouvernement décrète : A partir du 1er janvier 1871, les cours d'assises d'Algérie statueront avec assistance des jurés. »

On le voit, ce n'est pas par la spécialité des motifs dont il s'inspire que brille le décret du 24 octobre 1870. Il était difficile de se contenter de considérants plus généraux et plus théoriques pour justifier une réforme d'ordre aussi essentiellement pratique. A ce point de vue, le décret précité est bien le digne frère de cet autre décret du même jour, qui déclare citoyens français tous les israélites indigènes des départements algériens. Evidemment, les rédacteurs de ces décrets se préoccupaient de mettre leurs réformes en harmonie avec les principes et les bases de notre droit public, bien plus que de les adapter aux besoins spéciaux et à la situation particulière de l'Algérie. Ils ont dû sans doute se convaincre depuis que la générosité et le but élevé qui l'inspirent et la dictent ne sont pas toujours le principal mérite d'une réforme.

C'est le sort commun de toutes les institutions, qui ne sont pas adaptées aux milieux dans lesquels elles sont destinées à fonctionner : leur application ne fait qu'en accuser les imperfections et les inconvénients. Dans la pensée des rédacteurs du décret du 24 octobre 1870, l'institution du jury devait être accueillie avec enthousiasme en Algérie. Son fonctionnement ne tarda pas, au contraire, à provoquer le mécontentement de tous, des colons aussi bien que des indigènes. Les premiers se plaignirent vite de la charge pénible qu'entraînait pour eux l'obligation de siéger à des sessions d'assises de jour en jour multipliées. Quant aux indigènes, ils témoignèrent pour la juridiction nouvelle une défaveur marquée. Sous la décevante dénomination de justice rendue par leurs pairs, elle leur donnait comme juges des hommes parmi lesquels ne figurait aucun de leurs coreligionnaires, et dans lesquels ils étaient disposés à ne voir guère que des ennemis. Dans ces conditions, devaient-ils et pouvaient-ils accepter comme un progrès la juridiction nouvelle dont ils devenaient justiciables?

Il est difficile de contester le bien fondé des doléances et des plaintes soulevées, dans tous les milieux de la colonie, par le fonctionnement de la réforme dont le décret du 24 octobre 1870 a cru devoir doter l'Algérie.

Et d'abord, que les réclamations des colons soient pleinement justifiées, cela est indéniable. En réalité, l'obligation de siéger comme juré est, pour les colons, une charge écrasante, qui n'a cessé, du reste, de s'aggraver depuis l'institution du jury dans la colonie. En 1870, en effet, les justiciables ressortissant des cours d'assises comprenaient 129.000 Français, 115.000 étrangers et 1.000.000 d'indigènes. En 1880, à la suite de l'extension donnée au territoire civil par les arrêtés de rattachement de M. le gouverneur général Albert Grévy, la population justiciable des cours d'assises a été presque doublée. Du jour au lendemain, en effet, elle s'est élevée brusquement de 1.417.879 à 2.344.000 individus. Elle n'a fait que s'accroître depuis. A l'heure actuelle, la population du territoire civil, qui, à ce titre, est justiciable des cours d'assises, atteint presque le chiffre de 4.000.000 d'âmes. Elle était exactement de 3.704.060 habitants, d'après le recensement du 1er janvier 1892.

La statistique des affaires criminelles s'est singulièrement ressentie de cette augmentation rapide du nombre des justiciables. De 1871 à 1880, elle accusait un chiffre total de 2.400 affaires. Pour la période correspondante, de 1881 à 1890, ce chiffre comprend 5.214 affaires, dans lesquelles sont impliqués 7.880 accusés.

Mais, si elle faisait plus que doubler le nombre des affaires criminelles soumises à la juridiction des cours d'assises, la subite extension du territoire civil n'apportait aucun appoint nouveau au contingent des jurés. Aussi, de lourde qu'elle était, la charge du jury devient-elle écrasante.

C'est à d'incessantes convocations que les colons sont désormais exposés. La simple comparaison du chiffre de la population dans laquelle se recrute le jury avec le chiffre de la population des justiciables l'atteste avec une éloquence significative. D'après le recensement de 1892, la population française, en y comprenant les Israélites, ne dépasse pas 311.897 âmes contre 3 millions 292.163 étrangers ou indigènes musulmans. C'est donc dans une population de 300.000 âmes qu'il faut recruter les jurés nécessaires à plus de 3 millions 1/2 de justiciables. Aussi ne doit-on point s'étonner de cette constatation, faite par un ancien magistrat algérien (1), que la charge du jury est 23 fois plus forte pour les Français d'Algérie que pour les Français de la métropole.

Dans ces conditions, on s'explique facilement les légitimes récriminations des colons. Presque tous les deux ans, les fonctions du jury les obligent à quitter leurs exploitations. C'est une absence forcée de deux semaines consécutives qui s'augmentent parfois de plusieurs jours d'un voyage long et pénible. Pendant ce temps, les exploitations restent sans surveillance, exposées à l'insécurité et à tous les inconvénients qui peuvent résulter de l'absence du maître. Ajoutez à cela que les jurés n'ont droit à aucune indemnité de séjour, mais à une simple indemnité de déplacement, calculée à raison de 2 fr. 50 par myriamètre. C'est donc sans compensation aucune que les colons doivent supporter les frais d'un séjour onéreux, au chef-lieu du département pour prendre part à des sessions d'assises, au cours desquelles ils n'ont bien souvent à juger que des indigènes. Aussi comprend-on que, dans certaines régions, dans le département d'Oran notamment, les colons en soient arrivés à fonder des associations mutuelles pour subvenir aux dépenses et aux pertes que le Jury entraîne pour eux. Il y a la caisse contre le jury, comme il y a la caisse contre les fléaux, contre le phylloxéra ou les sauterelles par exemple.

Si les récriminations des colons sont fondées, les plaintes des indigènes paraissent non moins justifiées.

(1) M. le président Mennesson. *Pétition au Parlement sur l'organisation du jury en France et en Algérie* (1891).

Quiconque a suivi de près les sessions des cours d'assises, en Algérie, doit malheureusement reconnaître qu'elles n'ont point une égale mesure pour les accusés, suivant qu'ils sont Français ou indigènes. Alors que les uns bénéficient trop souvent d'indulgences regrettables, les autres sont presque toujours impitoyablement frappés, sans qu'interviennent, suffisamment peut-être, toutes les circonstances susceptibles de rendre douteuses ou tout au moin d'atténuer les culpabilités.

Voici quelques exemples que cite un avocat algérien (1), M. Louis Khoudja, en les empruntant aux sessions de la cour d'assises de Bône :

Un M. X... est traduit devant la Cour d'assises en août 1890, sous l'accusation d'assassinat sur la personne d'un Européen comme lui.

Les antécédents sont déplorables, il avait déjà tenté de donner la mort dans d'autres circonstances à un indigène et à un Français.

Il reconnaît le crime, mais prétend avoir été provoqué à le commettre par un coup de poing que lui aurait porté sa victime ; des témoins français dignes de foi lui donnent un démenti formel sur la provocation qu'il allègue, et même l'un d'eux ajoute que loin de manifester le repentir, l'accusé, qui avait enfoncé son couteau dans le ventre de la victime, aurait tenu le propos suivant : « Si tu n'en as pas assez il y en a encore pour toi », en s'adressant à la victime étendue à terre et mourante.

Ces faits révoltants méritaient une peine sévère ; il s'est trouvé pourtant un jury pour rapporter un verdict d'acquittement.

Le même jour, et devant la même Cour, comparait un indigène accusé d'assassinat sur la personne d'un de ses congénères au cours d'une fête nocturne.

Il nie les faits, excipe d'un alibi, et n'est accusé que par les parents de la victime, témoins intéressés :

Le jury rapporte un verdict affirmatif, et l'indigène est condamné à la peine capitale.

Dans une autre session, des voleurs sont déférés à la Cour d'assises.

(1) *La question indigène par un français d'adoption.*

L'un Français, employé d'une compagnie financière, est accusé d'avoir commis successivement plusieurs détournements au préjudice de cette compagnie à l'aide de fausses écritures.

Il reconnait les faits à l'instruction, avoue son crime à l'audience, et cependant il est acquitté et sort du palais la tête haute.

Le second, un Arabe, accusé d'avoir volé à l'aide d'effraction, mais en plein jour, au préjudice d'un cantonnier, et en son absence, un fusil estimé 40 francs et un porte-monnaie contenant 1 fr. 65, comparait devant la Cour.

Il nie le crime, et le jury rapporte un verdict affirmatif tant sur la question principale que sur les circonstances aggravantes qu'il mitige cependant par les circonstances atténuantes.

L'Arabe est condamné par la cour à six ans de travaux forcés.

J'ai encore d'autres exemples :

Un Européen est déféré à la Cour d'assises pour avoir donné la mort à sa femme et à celui qu'il soupçonnait d'en être l'amant sans les avoir surpris toutefois « flagrante delicto » mais bien sur de simples présomptions.

Le jury raporte un verdict négatif et l'accusé est acquitté.

Quelques mois plus tard, deux indigènes sont déférés à la Cour d'assises sous l'accusation de meurtre et de tentative de meurtre sur leur femme respective.

Ils commettent le crime quelques jours après l'acquittement de l'Européen dont je viens de parler et prétendent tous deux avoir surpris leur victime en conversation criminelle.

Les faits d'adultère paraissent établis pour l'un d'eux au moins, et il est condamné à un an de prison et l'autre à cinq années de réclusion.

Ne ressort-il point de ce parallèle, ainsi établi par M. Khoudja entre les résultats d'une affaire européenne et d'une affaire indigène à peu près identiques dans leurs circonstances et leur qualification légale, que la justice des jurys algériens est quelque peu distributive ?

Les membres du barreau d'Algérie le savent si bien que, dans nombre de cas, c'est uniquement par des considérations relatives à la nationalité des coupables ou des victimes, qu'ils songent à réclamer l'indulgence du jury ou à provoquer ses sévérités. N'est-ce pas la preuve manifeste que des considérations de ce genre tiennent une large place dans les motifs de ses verdicts ? Lors du procès du célèbre bandit kabyle, Areski ben el Bachir, j'entends encore le défenseur insister sur cet argument qu'il jugeait seul capable de soustraire son client à l'expiation suprême : « Areski, disait-il, n'a frappé que des Kabyles, vous ne pouvez le condamner à mort , si vous le faisiez, quel châtiment réserveriez-vous désormais à l'indigène qui frappera un colon ? »

C'est surtout quand il s'agit de crimes commis par des indigènes à l'encontre de colons français que les jurys algériens paraissent manquer de l'impartialité qu'on doit avant tout, rechercher chez des juges. Que de fois, en pareil cas, la sévérité de leurs verdicts dépasse la juste répression réclamée par le ministère public ! Il n'est pas unique cet exemple que fournit la Cour d'assises d'Oran dans sa dernière session de 1894. Six indigènes comparaissaient devant le jury, accusés d'assassinat sur le gardien d'une ferme isolée, la ferme du Chelat. Le ministère public n'avait cru devoir demander l'expiation suprême que pour un seul des accusés. Le jury n'en rapporte pas moins un verdict qui entraîne la peine de mort pour quatre d'entre eux.

Un magistrat du parquet général d'Alger me citait, entre autres, un exemple non moins significatif. Le courrier, chargé du service quotidien entre Mostaganem et Inkermann, avait été assassiné et dépouillé à quelques kilomètres de cette dernière localité. Après l'avoir vainement attendu, on s'était mis à sa recherche. Son cadavre avait été retrouvé dans un des fossés du chemin. Quatre indigènes furent arrêtés et déférés à la Cour d'assises d'Oran pour y répondre de ce crime. Chargé de soutenir l'accusation, le magistrat dont je parle étudia le dossier avec une attention d'autant plus scrupuleuse que la répression lui paraissait plus nécessaire. Et, en effet, l'émotion causée par ce crime était à peine calmée qu'un autre du même genre était accompli dans le même département : le courrier faisant le service entre Lalla Maghnia et Nemours était assassiné et volé dans des conditions et des circonstances à peu près identiques. Un exemple était donc éminemment désirable. Malheureusement, l'examen du dossier ne révélait aucune charge contre les accusés. Un seul témoignage était invoqué contre eux, et les circonstances de la cause en démontraient la fausseté évidente. L'indigène qui, le premier, avait découvert la victime, prétendait, en effet, que celle-ci, avant de mourir, lui avait désigné ses assassins. Or, le médecin, arrivé sur le lieu du crime moins d'une heure après la découverte du cadavre, avait pu constater que la mort remontait à cinq ou six heures au moins. Dans ces conditions, l'honorable organe du ministère public ne crut pas que sa conscience lui permettait autre chose que d'exposer au jury les incertitudes et les doutes qu'il éprouvait à soutenir l'accusation. Le jury n'en répondit pas moins par un verdict impitoyable, et ce fut, dans la presse locale, un concert unanime de critiques et de blâmes contre un magistrat qui, par sa faiblesse, risquait de compromettre la sécurité des colons.

L'état d'esprit, que révèlent de semblables affaires, est si puissant en Algérie, qu'on voit parfois les magistrats eux-mêmes partager et parfois provoquer les entraînements du jury. Je n'en citerai qu'un exemple : c'est une de mes premières impressions d'Algérie ; elle est toujours restée douloureuse. Débarqué depuis quelques jours à peine, avide de toutes les nouveautés qui séduisaient ma curiosité, j'assistais à une audience de la Cour d'assises d'Alger. Je revois l'accusé, un grand gaillard au teint basané, à l'œil fier et énergique. Dans le douar qu'il habitait, on avait, un matin, retrouvé le cadavre d'un garde forestier, assassiné pendant la nuit. La justice lui imputait le crime. Mais, comme unique charge, l'instruction s'était contentée de relever un départ précipité qui, le jour même du crime, avait éloigné l'accusé de son douar. La charge semblait mince autant que discutable. Quel ne fut pas mon étonnement d'entendre l'accusation s'en emparer comme d'une preuve capitale : ce départ précipité, c'était la fuite d'un coupable, c'était un véritable aveu. Aussi, pour le ministère public, le jury devait-il se montrer impitoyable, et, sans hésitation, vouer l'assassin à l'expiation suprême. La défense n'eut pas de peine à montrer combien était fragile l'unique preuve dont se contentait l'accusation. Elle donna du brusque départ de l'accusé des raisons si plausibles qu'il fallait bien renoncer à y voir un aveu du crime. Sentant que tout le système de l'accusation chancelle et s'effondre, l'organe du ministère public reprend alors la parole. Je doute qu'il lui fût possible d'oublier plus complètement son rôle. « Il s'agit moins ici, disait-il, de discuter des preuves toujours plus ou moins incertaines. Ce qu'il vous faut envisager avant tout c'est le danger de l'acquittement que vous pourriez prononcer. Le premier de vos devoirs est le souci de la sécurité publique. D'impitoyables verdicts peuvent seuls assurer cette sécurité indispensable. Il faut que les indigènes sachent bien que le glaive de la loi ne manque jamais de s'appesantir sur la tête d'un coupable toutes les fois qu'a coulé le sang français. » Si ce ne sont pas exactement les paroles, c'était bien là le thème de cette étrange réplique. J'étais indigné. Je le fus bien davantage quand, peu de minutes après, le jury revint, rapportant un verdict impitoyable. Vraiment, ce n'était plus un accusé qu'on venait de juger devant moi, c'était bien plutot une victime que je voyais vouer à d'aveugles et sanglantes représailles.

En présence d'exemples aussi significatifs, il est bien permis d'affirmer que, pour les crimes commis par des indigènes à l'encontre d'Européens, la sévérité et l'exemplarité des répressions préoccupent le jury bien plus que la culpabilité même des accusés. Inconsciemment, sans doute, les jurés s'inspirent ainsi de motifs bien différents de ceux auxquels ils devraient obéir. Mais, si elle ne permet pas de suspecter la bonne foi et la sincérité des verdicts, cette inconscience même est un danger de plus pour les accusés indigènes.

Dans ces conditions, faut-il s'étonner que ceux-ci voient des ennemis plutôt que des juges dans les jurés appelés à disposer de leur vie et de leur liberté ?

Une affaire, qui a eu, dans la presse française, un certain retentissement, n'a pas peu contribué à mettre en lumière un état d'esprit qui existe dans certains milieux de la colonie, et dont il est impossible de ne point tenir compte quand il s'agit de savoir si les cours d'assises présentent actuellement, pour les indigènes, les garanties indispensables que tout justiciable peut réclamer chez ses juges. Les détails de cette affaire montrent, en effet, avec une évidence attristante, ce qu'aux yeux de certains colons pèse la vie d'un indigène, en face d'un simple préjudice éprouvé par un des leurs.

Il s'agissait de colons des environs de Blidah qui, pour faire avouer à un jeune indigène un vol dont il était d'ailleurs innocent (1), n'avaient trouvé rien de mieux que d'en revenir aux pratiques des tortionnaires de l'Inquisition. Malgré l'horreur des tortures qu'attestaient les constatations médicales les plus explicites, en dépit même des aveux des bourreaux improvisés, le jury auquel on avait demandé la punition des coupables, répondit par un acquittement pur et simple. Il y avait là un véritable déni de justice. C'était vraiment autoriser les indigènes à croire qu'ils ne devaient point compter sur la protection des lois françaises. Aussi les autorités judiciaires crurent-elles de leur devoir de reprendre, au correctionnel, les poursuites qu'elles avaient vainement exercées devant la Cour d'assises. Devant la Chambre des appels correctionnels de la cour d'Alger, l'affaire s'est dénouée par une juste et sévère répression (2).

Si on avait pu conserver quelques doutes sur la signification de l'acquittement accordé par le jury dans cette affaire, il faudrait se résigner à les perdre en présence de certains documents qu'ont mis en pleine lumière les débats du procès correctionnel. Voici, à titre d'exemple, une lettre dont lecture a été faite à l'audience, et au bas de laquelle on peut, avec raison, s'étonner de lire la si-

(1) C'est du moins ce qui résulte d'une information ouverte par les soins du parquet de Blidah.

(2) Les coupables ont été frappés de peines variant de dix-huit mois à deux ans de prison.

gnature du maire et des conseillers municipaux de la commune où s'étaient déroulées les péripéties du drame sauvage dont il s'agissait.

« Les soussignés, colons à Mouzaïaville, ont l'honneur de décerner à M. Abadie et à sa famille le certificat suivant afin qu'il en fasse telle usage que bon lui semblera dans les circonstances malheureuses qui l'accablent aujourd'hui.

« M. Abadie, aidé de sa famille, est depuis fort longtemps propriétaire à Mouzaïaville où il a créé une exploitation importante consistant en 80 hectares dont 24 en vigne. Jamais, dans sa vie agricole, le moindre fait ne montra en lui un caractère injuste ou violent avec ses employés, européens ou indigènes.

« Cependant il fut victime, comme nous tous, des voleurs arabes. Il est vrai qu'avec notre régime judiciaire appliqué aux indigènes, nous ne nous étonnons pas de l'état de choses actuel, au contraire.

« Cependant, lorsque le vol dont a été victime M. Abadie de la part de cet indigène qui, aujourd'hui, le traîne sur ce banc d'infamie, lorsque ce vol, disons-nous, eut lieu, l'exaspération du colon Abadie fut à son comble et, *outrepassant peut-être les droits que les lois françaises, faites pour les Français, lui octroyaient, il alla jusqu'à faire avouer son vol à l'indigène.*

« Cet incident, *grossi à plaisir par des gens aussi peu colons que possible et remplis d'un sentimentalisme outré*, fit grand bruit et amena l'arrestation de M. Abadie et de plusieurs membres de sa famille.

« Les dommages causés par ces arrestations sont considérables. Toute une famille de pionniers, de colons, est plongée dans la désolation, les affaires sont suspendues, l'exploitation souffre de l'absence du maître, la sécurité même est compromise par le fait même de cet emprisonnement ! Nous entendons, tous, les raisonnements des indigènes commentant cette affaire ! N'avons-nous pas vu un fait aussi déplorable dans la condamnation d'un magistrat municipal voisin de notre pays ?

« Toutes ces considérations pesées et examinées par nous, colons de Mouzaïaville, nous ont poussés à *protester énergiquement contre l'existence de l'état d'esprit actuel de nos fonctionnaires judiciaires*, et nous supplions les membres du jury qui auront le devoir de juger la conduite de M. Abadie de demander un acquittement pur et simple de tous les accusés, et cela non seulement dans l'intérêt de la famille Abadie, si avantageusement connue par nous tous, mais encore par raison supérieure de sécurité pour l'Algérie... »

Quand on songe aux abominables sévices dont l'accusation apportait la preuve, un semblable document se passe de commentaires. Certes, il faudrait se garder de croire que l'état d'esprit et les tendances qu'il révèle se rencontrent partout dans tous les milieux algériens. Il en est heureusement où il ne manquerait point de soulever des protestations indignées. Mais, alors qu'on le rapproche de l'acquittement des coupables, il ne peut s'agir de le considérer comme une manifestation sans consistance et sans portée. Que penser, en effet, des garanties que peut offrir à un indigène la juridiction des cours d'assises de la colonie, pour peu qu'y siège un jury recruté parmi les signataires de la lettre ci-dessus ?

Nous n'insistons pas davantage.

Nous en avons dit assez pour démontrer que ce n'est point seulement en vue de soustraire les colons à une lourde charge qu'il faut souhaiter une réforme des cours d'assises de l'Algérie. Il faut la réclamer aussi en vue d'assurer aux indigènes la garantie de juridictions criminelles plus impartiales et moins prévenues que ne peuvent l'être parfois les jurys algériens.

Il est, enfin, un dernier point de vue qu'on ne saurait négliger quand on se préoccupe des réformes que paraît réclamer l'organisation actuelle : c'est la nécessité d'assurer aux accusés une justice plus expéditive.

Avec l'organisation actuelle, il est bien rare qu'un accusé puisse comparaître devant le jury avant d'avoir subi une détention préventive de six à huit mois. Ce sont là des retards nécessaires qu'impose l'encombrement des rôles. Malgré tout le zèle des magistrats instructeurs, malgré toute l'activité de la Chambre des mises en accusation, en dépit même de la multiplicité de leurs sessions, les quatre cours d'assises, qui fonctionnent actuellement en Algérie, sont manifestement impuissantes à permettre l'écoulement rapide des affaires. Ce n'est pas seulement le principe de la liberté individuelle, qui, de ce chef, reçoit de regrettables atteintes. La certitude de la répression et l'exemplarité de la peine en sont singulièrement diminuées. La condition essentielle peut-être de la bonne administration de la justice criminelle, c'est, comme le dit très justement M. Flandin (1), la célérité de la répression. Lorsqu'un crime n'est déféré au jury qu'après de longs mois écoulés, le souvenir du crime est presque effacé et la peine a perdu son plus grand mérite, celui de l'exemplarité. Cette idée est vraie surtout vis-à-vis de l'indigène, que ses traditions ont peu préparé au formalisme de notre législation. Pour lui, le sentiment de la justice se confond avec le respect de la force. Une justice lente est, à ses yeux, une justice hésitante et débile, et tout retard dans la répression lui apparaît nécessairement comme un indice de faiblesse, comme un aveu d'impuissance.

C'est donc à un triple point de vue que paraît s'imposer la réorganisation des juridictions criminelles dont l'Algérie est actuellement dotée.

Il faut se préoccuper :

1° D'alléger pour les colons la charge du jury ;

2° De donner aux indigènes la garantie de juridictions impartiales ;

3° D'assurer, enfin, la célérité des répressions.

(1) Rapport présenté au nom de la Commission chargée par la Chambre des députés d'examiner la proposition de M. Saint-Germain.

II

Depuis quelque temps, M. Saint-Germain, député d'Oran, et quelques-uns de ses collègues, avaient demandé à la Chambre d'adopter une réforme qui se résumait dans les dispositions suivantes :

Les Cours d'assises continueraient à juger, avec l'assistance du jury, les crimes commis par les Français et les étrangers non musulmans dans les territoires civils et militaires des trois départements de l'Algérie.

Elles jugeraient également, avec l'assistance du jury, les crimes commis par les indigènes algériens et les étrangers musulmans *contre la chose publique et contre les particuliers français et étrangers non musulmans.*

Elles jugeraient, au contraire, sans l'assistance du jury, tous les crimes commis par les indigènes algériens et les étrangers musulmans *contre les particuliers indigènes musulmans et les étrangers musulmans.*

Enfin, M. Saint-Germain et ses collègues demandent que les dispositions des articles 1, 2, 3, 4 et 5 de la loi du 21 novembre 1872, concernant les conditions requises pour être juré en France, soient déclarées applicables à l'Algérie.

C'est manifestement à une seule préoccupation qu'ont obéi les signataires de cette proposition : alléger la lourde tâche que le jury impose actuellement aux colons algériens. Tel est le but unique et exclusif de ses dispositions. On ne saurait donc s'étonner de l'accueil peu favorable que celles-ci ont reçu au sein de la Commission, nommée par la Chambre en vue de les examiner (1). La Commission a pensé avec raison que, dès l'instant qu'on entendait réformer les juridictions criminelles de l'Algérie, il fallait faire une réforme complète, et se préoccuper non seulement d'alléger pour les colons la charge du jury, mais encore d'assurer aux indigènes la garantie de juridictions plus expéditives et moins prévenues que les cours d'assises dont ils sont actuellement justiciables. A ces différents points de vue, la proposition de M. Saint-Germain n'était pas simplement insuffisante. Aussi n'a-t-elle été conservée par la Commission dans aucune de ses parties essentielles.

Et d'abord laisser aux trois magistrats, qui entrent dans la composition actuelle des cours d'assises, le soin de juger, sans l'assistance du jury, les crimes commis par les indigènes à l'encontre de leurs coreligionnaires, c'eût été introduire, dans l'organisation de nos juridictions répressives, une étrange anomalie. Accusé d'un simple délit, et, à ce titre, passible seulement de peines correctionnelles, un indigène aurait la garantie d'un double degré de juridiction. Il comparaîtrait, en première instance, devant un tribunal composé de trois juges ; en appel, devant une chambre de la Cour comprenant cinq conseillers. Accusé d'un crime, et, à ce titre, passible de la peine capitale, des travaux forcés ou de la réclu-

(1) Cette Commission est composée de MM. Louis Million, *président* ; Guyot-Dessaigne, Dupuy-Dutemps, *vice-présidents;* Maurice Lasserre, Mougeot, Georges Trouillot, *secrétaires* ; Antoine Perrier (Savoie), Joseph Jourdan (Var), Gauthier (de Clagny), Lefoullon Deshayes, Doumergue, Théophile Goujon (Gironde), Flandin, Renault Morlière, Sauzet, Vallé, Vival, Arthur Leroy (Côtes-d'Or), Darlan, Jullien, Le Coupanec, Magnien, Odilon-Barrot, Fernand Rabier, Chaulin-Servinière, Lebret, Léon Talou, Pourquery de Boisserin, Gellibert des Séguins, Saumande, Charonnat, Dumas.

sion, il serait jugé en dernier ressort par trois conseillers ! Ce serait, en réalité, le renversement de toutes les règles de notre code d'instruction criminelle, qui, avec raison, exige, pour la défense et le jugement d'un accusé, des garanties d'autant plus sérieuses que la peine est plus redoutable.

Quant à proposer le maintien de l'organisation actuelle des cours d'assises pour juger les crimes commis par les indigènes à l'encontre des Européens, c'est gratuitement affirmer l'excellence de juridictions, qui, dans de semblables affaires, se montrent trop souvent partiales et prévenues. Il le faudrait, dit M. Saint-Germain, pour affirmer la suprématie du Français sur l'indigène. C'est là, je l'avoue, un argument qu'il est regrettable de voir mettre en avant par l'honorable député d'Oran. Je n'ignore point qu'il se fait, sur ce point, l'interprète d'idées assez courantes dans la colonie. Elles sont trop ouvertement contraires à la politique d'assimilation que la France entend suivre, en Algérie, vis-à-vis des indigènes, pour ne point soulever, dans la métropole, d'unanimes réprobations. Les idées de ce genre semblent, il est vrai, le lot commun de tous les conquérants s'installant au milieu de populations conquises. Elles n'en heurtent pas moins les notions les plus élémentaires de morale et de justice. C'est assez dire quel accueil elles peuvent rencontrer en France. Il serait toutefois difficile qu'on les y juge plus sévèrement que ne l'a fait un grand penseur anglais.

« S'il est un fait prouvé par l'expérience, dit Stuart Mill (1), c'est que, lorsqu'un peuple en gouverne un autre,

(1) Stuart Mill, *Du gouvernement représentatif*, pp. 396 et 397.

les individus du peuple gouvernant qui vont dans le pays étranger pour faire fortune sont, entre tous, ceux qu'il faut contenir le plus fortement. Ils sont toujours une des principales difficultés du gouvernement. Armés du prestige et pleins de l'arrogance de la nation conquérante, ils ont tous les sentiments inspirés par le pouvoir absolu, moins le sens de la responsabilité.... Ils regardent le peuple du pays comme de la boue sous leurs pieds : il leur semble monstrueux que les droits des indigènes barrent le chemin à leurs moindres prétentions : le plus léger acte de protection envers les habitants contre tout acte de pouvoir de leur part qu'ils peuvent regarder comme utile à leurs intérêts commerciaux, ils l'appellent et l'estiment réellement une injustice. »

En écrivant ces lignes, Stuart Mill avait en vue des colons de race anglo-saxonne, de cette race devant laquelle disparaît l'indigène, *the only extirpating race*, comme l'appelle avec raison Sir Ch. Dilke. Il n'eût point évidemment tenu le même langage, s'il eût envisagé le rôle et la conduite des colons français en Algérie. Les idées et les tendances qu'il stigmatise n'y ont pas moins des partisans. En fait, elles s'y affirment et s'y affirmeront longtemps encore, ouvertement opposées à toute politique d'assimilation. Ce serait donc, de la part du législateur, plus qu'une imprudence condamnable que de paraître s'y attacher pour en faire le point de départ de ses réformes.

Il semble donc que M. Saint-Germain et les signataires de sa proposition n'aient pas été mieux inspirés en maintenant le jury pour juger les indigènes accusés de crimes commis envers des Français, qu'en le supprimant pour la répression des crimes où des indigènes seraient seuls en cause, et comme accusés, et comme victimes.

Hâtons-nous, du reste, d'ajouter que les principes dont s'inspire le droit pénal moderne protestent hautement contre une réforme qui, suivant la nationalité des victimes, confie à des juridictions différentes la poursuite et la punition des coupables. D'accord avec la loi morale, le législateur considère le crime en lui-même ; il en punit l'auteur, quelle que soit la race, la nationalité ou la religion de la victime. Ni aux yeux de la loi positive, ni aux yeux de la loi naturelle, un crime ne saurait revêtir un caractère différent, selon qu'il serait commis contre un Européen ou contre un indigène. Réserver exclusivement aux jurés français la connaissance des crimes perpétrés sur des victimes de nationalité européenne, ce serait, d'ailleurs, donner à la répression un caractère de représailles, incompatible avec les principes mêmes de la justice.

Repoussant les distinctions proposées par M. Saint-Germain, la Commission s'est arrêtée aux dispositions suivantes :

1° Elle conserve l'organisation actuelle des Cours d'assises pour le jugement des crimes commis par des Français, des étrangers non musulmans, des musulmans naturalisés, ou même par des indigènes quand ceux-ci auront agi avec la participation de Français, d'étrangers non musulmans, ou de musulmans naturalisés. La seule modification qu'elle croit devoir, dans ce cas, apporter aux lois antérieures, consiste à consacrer une assimilation complète entre le jury d'Algérie et le jury de France, au point de vue des conditions requises pour être apte à y figurer (1). La composition de la liste annuelle du jury se ferait aussi, comme en France conformément aux règles de la loi du 21 novembre 1872, qui remplacerait, sur ce point, les règles tracées par le décret du 7 août 1848 (2) ;

2° Pour connaître des crimes commis en territoire civil par les indigènes musulmans non naturalisés ou par les étrangers musulmans, elle crée, en Algérie, au chef-lieu de chaque arrondissement judiciaire, une Cour criminelle composée d'un conseiller de la Cour d'appel, président, de deux juges du Tribunal, de deux assesseurs-jurés français et de deux assesseurs-jurés musulmans.

Voici, du reste, le texte même de la proposition sur laquelle la Commission demande à la Chambre de se prononcer.

Art. 1er. — Les Cours d'assises siégeant en Algérie avec l'assistance de jurés à Alger, Constantine et Oran, continueront à connaître : 1° des crimes imputables aux Français et étrangers non musulmans; 2° des crimes imputables aux indigènes musulmans naturalisés; 3° des crimes imputables à des indigènes musulmans non naturalisés ou à des étrangers musulmans, lorsque ces crimes auront été accomplis ou tentés avec la participation de Français, d'étrangers non musulmans ou d'indigènes musulmans naturalisés.

(1) Le décret du 7 août 1848 admet dans la composition du jury certaines catégories d'individus que la loi du 21 novembre 1872 en a exclu avec juste raison. Tels sont, par exemple, les individus condamnés pour faux en vertu des articles 142 et 143 du Code pénal, ceux qui falsifient les monnaies ou les colorent, ceux qui ont trompé sur la qualité des marchandises, etc... Ce sont là autant de condamnés qui peuvent être jurés en Algérie, si leur condamnation n'a pas excédé un an de prison.

(2) Les formes tracées par la loi du 21 novembre 1872, relativement à la composition de la liste annuelle du jury, présentent, pour le recrutement judicieux des jurés, beaucoup plus de garanties que les formes déterminées par le décret du 7 août 1848.

Les crimes exclusivement imputables aux indigènes musulmans non naturalisés ou aux étrangers musulmans dans l'étendue du territoire civil seront déférés, dans chaque arrondissement, à la juridiction des Cours criminelles instituées par la présente loi.

Art 2. — La Cour criminelle siégeant au chef-lieu judiciaire de chaque arrondissement de l'Algérie est composée :

1° D'un Conseiller de la Cour d'appel, président ;

2° A Alger, de deux conseillers de la Cour d'appel ; dans les autres arrondissements, de deux juges du tribunal de première instance ;

3° De deux assesseurs-jurés citoyens français ;

4° De deux assesseurs-jurés indigènes musulmans.

Les magistrats et assesseurs-jurés composant la Cour criminelle délibéreront ensemble tant sur l'examen de la culpabilité que sur l'application de la peine.

Les fonctions du Ministère public près la Cour criminelle seront exercées, à Alger, par un magistrat du parquet de la Cour d'appel, désigné par le Procureur général ; dans les autres arrondissements par le Procureur de la République ou son substitut.

Les fonctions de greffier seront remplies, à Alger, par le greffier de la Cour ou l'un de ses commis assermentés ; dans les autres arrondissements, par le greffier du tribunal ou l'un de ses commis assermentés.

Art. 3. — Les magistrats appelés à faire partie de la Cour criminelle seront désignés dans la forme établie par la législation en vigueur pour la désignation des magistrats composant les Cours d'assises.

Les assesseurs jurés français seront choisis sur la liste des jurés de l'arrondissement qui, à l'avenir, dans les conditions prévues par la loi du 30 juillet 1881, devra être établie conformément aux prescriptions de la loi du 21 novembre 1872, lesquelles sont par la présente loi déclarées applicables à l'Algérie.

Les assesseurs jurés musulmans devront être majeurs d'après la loi musulmane, âgés de vingt-cinq ans au moins, capables de comprendre la langue française. Ils seront choisis sur une liste dressée en la même forme que la liste du jury et devant comprendre dix noms au moins et vingt au plus pour chaque arrondissement.

Au cas où il ne se trouverait pas dans un arrondissement dix indigènes musulmans réunissant les conditions de capacité nécessaires pour remplir les fonctions d'assesseurs-jurés, la liste pourra être complétée exceptionnellement et transitoirement par l'adjonction des noms d'indigènes empruntés aux arrondissements voisins.

Art. 4. — La date de l'ouverture de chaque session de la Cour criminelle sera fixée par ordonnance du premier président de la Cour d'appel, sur les réquisitions du Procureur général. Cette ordonnance sera publiée dans la forme déterminée pour les ordonnances fixant l'ouverture des Cours d'assises.

Il sera tenu, pour chaque trimestre, une session ordinaire dont la durée ne pourra excéder quinze jours.

Art. 5. — Quinze jours au moins avant l'ouverture de la session, le premier président de la Cour d'appel, dans l'arrondissement d'Alger, le président du tribunal de première instance, dans les autres arrondissements, tireront au sort, en audience publique, sur les listes annuelles dressées conformément aux prescriptions de l'article 3, les noms de quatre assesseurs-jurés français et de quatre assesseurs-jurés musulmans pour former la liste des assesseurs-jurés de la session.

Si les noms d'un ou de plusieurs assesseurs-jurés ayant rempli lesdites fonctions pendant la session précédente viennent à sortir de l'urne, ils seront immédiatement remplacés par les noms d'un ou plusieurs autres assesseurs-jurés tirés au sort.

Art. 6. — Les assesseurs-jurés, appelés à former la liste de session, seront convoqués par les soins de l'autorité administrative, suivant la forme et dans les délais prévus pour la convocation du jury. Ils auront droit à l'indemnité allouée aux jurés.

Tout assesseur-juré qui, sans cause légitime, ne se sera pas rendu à son poste sur la citation qui lui aura été notifiée, sera condamné par les magistrats composant la Cour criminelle à une amende de deux cents francs, sans préjudice des pénalités édictées par l'article 396 du Code d'instruction criminelle au cas de récidive.

Art. 7. — Si, au jour du jugement, quatre assesseurs-jurés français et quatre assesseurs-jurés musulmans n'ont pas répondu à l'appel de leur nom dans la forme indiquée par l'article 399 du Code d'instruction criminelle, le Président complètera la liste en tirant au sort les noms d'assesseurs jurés résidant au siège de la Cour criminelle.

Il sera procédé, pour le jugement de chaque affaire, au tirage au sort d'abord de deux assesseurs-jurés français, puis de deux assesseurs-jurés musulmans dans la forme prévue par l'article 399 du Code d'instruction criminelle.

Art. 8. — Les accusés et le ministère public auront concurremment la faculté de récusation. Les récusations s'arrêteront lorsqu'il ne restera dans l'urne que les noms de deux assesseurs-jurés français et de deux assesseurs-jurés musulmans.

Art. 9. — Les assesseurs-jurés, avant de connaître de l'affaire, prêteront serment « de bien et fidèlement remplir leur mission, de garder « religieusement le secret des délibérations et d'examiner avec la plus « scrupuleuse attention les charges relevées contre l'accusé, en se « décidant suivant leur conscience et leur intime conviction, avec

« l'impartialité et la fermeté qui conviennent à un homme probe et « libre. »

Art. 10. — La Cour criminelle prononcera à la majorité des voix par dispositions distinctes sur chaque chef d'accusation, et sur l'admission ou le rejet des circonstances atténuantes. Le vote aura lieu au scrutin secret, dans la forme prévue par l'article 315 du Code d'instruction criminelle.

Le président fera ensuite connaître les conséquences légales du verdict rendu sur la culpabilité et consultera les magistrats et assesseurs-jurés composant la Cour sur l'application de la peine. Il recueillera d'abord les voix des assesseurs-jurés dans l'ordre où ils auront été appelés à siéger par le tirage au sort.

La décision sera rendue en dernier ressort.

Art. 11. — Les dispositions du Code d'instruction criminelle, non contraires à la présente loi, seront applicables au renvoi et à la procédure devant les Cours criminelles, ainsi qu'au pourvoi en cassation contre leurs arrêts.

Art. 12. — La Cour d'assises de Constantine, dans les limites de la compétence fixée par l'article premier, connaîtra, à l'avenir, des crimes actuellement déférés à la Cour d'assises de Bône.

Sont abrogés, en Algérie, toutes les dispositions de lois, ordonnances et décrets contraires à la présente loi.

Je ne veux pas insister sur le détail de cette réglementation. J'en retiens seulement le principe : la participation des indigènes au jugement des crimes commis par leurs coreligionnaires. C'est là l'innovation la plus importante de la proposition, celle qui, à n'en pas douter, soulèvera les objections les plus sérieuses

Je m'étonnerais volontiers qu'il ne se trouvât personne pour s'indigner à l'idée d'admettre les indigènes à l'exercice d'une portion de la souveraineté française, de les investir, même sur leurs coreligionnaires, de la prérogative redoutable de juger au nom de la France. Déjà d'ailleurs, au sein de la commission, on a exprimé la crainte que cela ne constituât un amoindrissement de notre souveraineté aux yeux des indigènes.

Mais on paraît oublier que, sur d'autres points, des concessions de ce genre ont été faites aux indigènes algériens, sans que l'expérience ait démontré qu'ils en fussent indignes. Depuis longtemps, en effet, l'élément indigène figure dans les conseils électifs de l'Algérie, dans les conseils généraux aussi bien que dans les conseils municipaux (1). Qu'ils siègent dans les assemblées départementales ou dans les assemblées communales, les indigènes y représentent leurs coreligionnaires avec les mêmes droits et les mêmes prérogatives que les membres français de ces assemblées (2). A ce titre, ils prennent part à des délibérations exécutoires non seulement au regard de leurs coreligionnaires, mais au regard des Français eux-mêmes. Ils sont donc ainsi associés déjà à la vie publique de la colonie, et y participent, dans une assez large mesure, à l'exercice de la souveraineté française (3). En les appelant à siéger dans les juridictions criminelles chargées désormais de

(1) Les indigènes figurant dans les conseils généraux de l'Algérie sont nommés pour six ans par le gouverneur général. Ceux qui figurent dans les conseils municipaux sont nommés par leurs coreligionnaires dans les conditions déterminées par le décret du 7 avril 1884.

(2) Toutefois, d'après le décret du 7 avril 1884, les conseillers municipaux indigènes ne prennent part ni à l'élection des délégués sénatoriaux ni à celle des maires et adjoints.

(3) La création des délégations financières algériennes marque dans la même voie un nouveau pas en avant. A côté des deux assemblées électives chargées de représenter l'une les colons, l'autre les contribuables autres que les colons, siège une troisième assemblée qui représente les contribuables indigènes. Au même titre que les deux autres, cette troisième assemblée, exclusivement composée d'indigènes musulmans, est appelée à donner son avis sur toutes les questions fiscales ou économiques qui intéressent la catégorie de contribuables dont la représentation lui est confiée

juger leurs coreligionnaires, on ne ferait, en définitive, qu'étendre à l'administration de la justice une réforme déjà accomplie dans l'administration civile.

D'ailleurs, on ne saurait trop le dire, la création, en Algérie, de cours criminelles dans la composition desquelles entrerait l'élément indigène, serait loin d'être une singularité sans précédent dans notre législation. C'est, en effet, le système déjà mis en pratique dans toutes celles de nos colonies où figure une population locale non assimilée, dont il importe de ménager les coutumes et les traditions.

Il en est ainsi dans l'Inde française où les juridictions criminelles comprennent trois magistrats et quatre assesseurs. Ces derniers sont indistinctement choisis par la voie du sort sur des listes où figurent à la fois des Européens et des Hindous.

En Tunisie, ce sont actuellement les tribunaux français de première instance de Tunis et de Sousse, qui statuent, en dernier ressort, sur tous les faits qualifiés crimes. Mais ils doivent alors s'adjoindre six assesseurs, ayant voix délibérative sur l'application de la peine comme sur la culpabilité. Ces assesseurs sont tirés au sort sur une liste dressée annuellement d'après les règles que trace la loi du 27 mars 1883, complétée par les décrets du 14 avril 1883 et du 29 novembre 1893. La liste est divisée en trois catégories. La première comprend les noms d'assesseurs français; la seconde, les noms d'assesseurs de nationalité étrangère ; la troisième, les noms d'assesseurs indigènes. Lorsqu'il s'agit de juger un accusé indigène, trois assesseurs français et trois assesseurs indigènes, désignés par le sort, sont appelés à s'adjoindre au tribunal. C'est là, on le voit, un système très voisin de celui que la Commission propose d'introduire en Algérie.

Enfin, d'après le décret du 17 mai 1895 (1), les cours criminelles de l'Indo-Chine se composent de trois magistrats et de deux assesseurs désignés par le sort sur une liste dressée conformément aux articles 41 et 42 du décret précité. Lorsqu'il s'agit de juger un accusé annamite ou assimilé, les deux assesseurs doivent être Annamites.

Avec de semblables précédents, il est bien permis de dire que la création, en Algérie, de juridictions criminelles, où figurerait l'élément indigène, ne serait, en réalité, que l'extension à notre grande colonie africaine d'un système fonctionnant déjà dans toutes les possessions françaises dont la population locale n'est point assimilée. Sans doute l'Algérie est partie intégrante de la France. On ne saurait pourtant oublier qu'à côté de 300.000 Français, y vivent 5 millions d'indigènes, dont l'assimilation est rien moins qu'un fait accompli. Dans ces conditions, comment croire que les propositions de la commission puissent être écartées par des objections de principe dont, ailleurs, on a fait bon marché?

Les objections de principe écartées, on ne voit guère que les avantages de la réforme.

Elle s'écarte, aussi peu que possible, de la règle essentielle qui domine aujourd'hui l'organisation de nos juridictions criminelles, je veux parler de la règle

(1) Ce décret ne fait, du reste, que reprendre et reproduire les dispositions de décrets antérieurs du 25 mai et du 17 juin 1889.

d'après laquelle l'accusé doit être jugé par ses pairs. En tous cas, la présence, parmi leurs juges, de deux de leurs coreligionnaires remplacerait avantageusement, pour les indigènes, la garantie du jury intervenant dans les conditions actuelles.

Dans son remarquable rapport sur le budget de l'Algérie, le regretté Burdeau préconisait déjà l'admission dans le jury, pour juger l'accusé indigène, d'une minorité formée par ses coreligionnaires. « On trouverait chez les jurés indigènes, écrivait-il, un concours qui ajouterait aux yeux des Arabes, à l'autorité des arrêts, et on leur donnerait une marque, dont beaucoup d'entre eux sont dignes, de notre confiance dans leur esprit de justice. »

C'est aussi la solution que recommande M. le sénateur Isaac, dans le remarquable et intéressant rapport qu'au nom de la commission de l'Algérie, il a présenté au Sénat sur la justice française et musulmane. Associant les indigènes à la vie publique de la colonie, dans une mesure où ils paraissent absolument aptes à y participer, on ne saurait méconnaître que cette solution se présente avec le caractère d'une mesure d'assimilation singulièrement pratique et féconde. Elle se recommande donc, par là même, aux yeux de tous ceux qui considèrent l'assimilation des indigènes comme le but, lointain sans doute, mais persistant et désirable, de notre politique dans l'Afrique du Nord.

On peut ajouter également que l'opinion des assesseurs jurés indigènes ne serait pas sans utilité pour la saine appréciation de nombreux crimes qui trouvent souvent leur seule explication dans les mœurs arabes ou kabyles. D'ailleurs, se trouvant en minorité et encadrés de magistrats expérimentés, les assesseurs indigènes ne pourraient être suspects d'atténuer ou d'entraver les justes répressions. Mais, j'en suis bien convaincu, ce serait à modérer l'implacable sévérité de leurs collègues musulmans bien plutôt qu'à combattre chez eux de regrettables indulgences, que devraient s'employer magistrats et assesseurs français.

En regard des nombreux avantages que présente la réforme, ses adversaires ne manqueront pas d'alléguer les difficultés pratiques de son fonctionnement. Elle suppose, dans chaque arrondissement judiciaire de l'Algérie, la possibilité de recruter un certain nombre d'indigènes, capables de remplir le rôle d'assesseurs-jurés. Or, c'est là, dira-t-on, une supposition que les faits sont loin d'autoriser. Les indigènes comprenant le français sont en nombre fort restreint. En admettant que, dans chaque arrondissement, il en existe un nombre suffisant pour la formation de la liste annuelle, cette liste comprendra toujours les mêmes noms. On arriverait ainsi à former une véritable catégorie de nouveaux fonctionnaires indigènes, qui, à raison même de leur mission, seraient plus spécialement exposés aux corruptions et aux vengeances de leurs coreligionnaires.

Le projet de la commission a prévu des objections de ce genre. Il y a, d'avance, répondu. Au cas où il ne se trouverait pas, dans un arrondissement judiciaire, au moins dix indigènes musulmans réunissant les conditions de capacité nécessaires pour remplir les fonctions d'assesseurs-jurés, la liste pourra être complétée par l'adjonction de noms empruntés à un arrondissement voisin. Je m'étonnerais fort, du reste, qu'on ait recours à cet expédient. Quoiqu'on en dise, le nombre des indigènes comprenant le français est moins restreint qu'on semble le croire ; il s'augmente de jour en jour. Aussi serais-je fort surpris que la formation des listes d'assesseurs-jurés indigènes se heurtât vraiment aux difficultés dont on parle. L'administration algérienne pourrait, d'ailleurs, sur ce point, fournir tous les éclaircissements désirables.

Je n'ai parlé, jusqu'à présent, que de l'institution des assesseurs-jurés indigènes : c'est la réforme essentielle de la proposition présentée par la commission.

Elle n'est point la seule amélioration que cette proposition apporterait au fonctionnement des juridictions criminelles en Algérie. La décentralisation qu'entraînerait la création des cours criminelles, aurait également pour effet de hâter le jugement des accusés. Elle réduirait, en outre, dans de très notables proportions, les frais de justice criminelle. Les frais de transfèrement des accusés indigènes à la maison de justice seraient supprimés. Quant aux frais de déplacement de témoins, ils seraient singulièrement diminués, puisque ces déplacements ne se produiraient plus que dans les limites d'un arrondissement judiciaire. En somme, ce serait ramener, à peu près, aux dépens d'une instance correctionnelle les frais, parfois si considérables, des procès criminels.

Je n'insiste pas davantage sur les avantages de la proposition. Le rapporteur de la commission peut, à juste titre, les résumer en ces termes : « Allègement des charges qui pèsent actuellement sur les jurés, réduction des sessions d'assises à la durée normale des sessions de

France, garanties nouvelles données aux accusés indigènes, abréviations de la durée des détentions préventives, célérité dans la répression, exemplarité plus grande de la peine, diminution considérable des frais de justice criminelle... »

Dans ces conditions, la réforme répond donc, d'une façon complète, à toutes les critiques que paraît avoir mérité le fonctionnement, en Algérie, de cours d'assises organisées sur le modèle des cours d'assises de la métropole. C'est assez dire qu'elle se recommande à toute l'attention du Parlement.

Au mois de juin dernier (1), la Chambre des députés a, sans débats, adopté en première lecture le projet présenté par sa commission. Je ne sais si, dans la suite, ce projet continuera à rallier l'unanimité des suffrages. Il est de ceux qui paraissent le mériter. Mais, par cela même, il n'a point à redouter la discussion. Ce n'est pas avec un rapporteur comme M. Flandin qu'il est permis de craindre que les idées de la commission ne soient point, le cas échéant, exposées et défendues avec une indiscutable autorité (2).

(1) Le 15 juin 1896.

(2) Voté en première lecture le 15 juin 1896, le projet de la commission a été adopté en deuxième lecture le 25 octobre 1897. Transmis au Sénat le 4 novembre suivant, il y a été renvoyé à la commission de l'Algérie. Le 15 mars 1898, celle-ci a déposé son rapport. Aussi, bien que le Sénat ne l'ait pas encore discuté, le projet n'est point de ceux que l'expiration des pouvoirs de la sixième législature a frappés de caducité, et il conserve, devant le Sénat, le bénéfice du vote unanime par lequel la Chambre a cru devoir le sanctionner. On ne saurait le regretter.

Un projet de loi

SUR

la propriété foncière en Algérie

I

De toutes les conditions qu'impliquent la réussite et le développement d'une colonie agricole, une de celles qui s'imposent le plus impérieusement peut-être aux préoccupations du législateur est incontestablement la bonne organisation du régime des terres. Aussi ne saurait-on nullement s'étonner de voir certaines colonies dotées d'une législation foncière bien supérieure aux règles traditionnelles et parfois surannées qui constituent le régime foncier de leur métropole.

S'il en est ainsi pour nombre de colonies anglaises, tel n'est point, malheureusement, le cas de notre grande et belle colonie algérienne. Assurément ce n'est pas que le législateur français ait méconnu l'importance du devoir qui s'imposait à lui sur ce point. Nombreuses déjà sont les lois qui, depuis la conquête, ont, en Algérie, envisagé les questions foncières et tenté de les résoudre. Jusqu'ici, elles n'ont guère abouti qu'à remplacer par des difficultés nouvelles les difficultés anciennes qu'elles entendaient écarter.

A défaut d'un régime foncier perfectionné que lui pourrait envier la France, il semblerait tout au moins que l'Algérie dût être dotée d'un régime foncier tel que l'acquéreur européen se puisse assurer la propriété définitive et incommutable du sol sur lequel il vient tenter une exploitation agricole. Après plus d'un demi-siècle de conquête, elle attend encore une législation bienfaisante lui garantissant ce minimun indispensable.

On me trouvera sévère peut-être pour les lois qui, actuellement encore, constituent le régime foncier de l'Algérie. Mais comment le serait-on trop pour un régime qui garde à peu près impénétrables, pour le capitaliste européen, toutes les propriétés indigènes ? Consultez, en Algérie, un homme d'affaires consciencieux. Demandez-lui ce qu'il pense d'une acquisition de propriétés appartenant à des indigènes. A peu de choses près, il ne manquera jamais de vous tenir ce langage : « Vous voulez, Monsieur, acquérir une propriété indigène. Vous savez sans doute que vous allez avoir des formalités compliquées à remplir, de longs délais à observer Mais, quoi que vous fassiez, vous ne serez nullement sûr de conserver la propriété si laborieusement acquise. Aussi, croyez-moi, renoncez à votre projet. Si vous désirez employer des capitaux en Algérie, achetez une maison de rapport dans une des villes du littoral. A Alger, notamment, le placement est sûr et suffisamment rémunérateur. Vous pouvez même acquérir un domaine rural, dont la propriété se soit déjà consolidée et assise entre les mains de propriétaires européens. Mais l'acquisition de propriétés indigènes est une aventure dont les risques ne peuvent guère tenter que les calculs d'un spéculateur audacieux. En tout cas, si vous persistez dans vos intentions primitives, je vous prie de charger un de mes confrères d'assumer la responsabilité de leur réalisation. »

Que penser d'un régime foncier qui autorise un semblable langage ? Pouvait-on l'imaginer plus propre à arrêter l'essor de la colonisation dans un pays où les indigènes sont encore détenteurs de la plus grande partie du sol ? Aussi, ne faut-il pas s'étonner que, maintes fois déjà, on se soit préoccupé des lacunes et des vices que présente la législation foncière de l'Algérie. Des commissions ont été instituées par le gouverneur général. Elles ont émis des rapports, élaboré des projets. Le Sénat lui-même a été saisi. La commission, chargée par la haute Assemblée d'examiner la question, avait proposé un projet refondant toutes les lois précédentes sur la propriété foncière en Algérie. Le rapporteur, M. Franck Chauveau, avait même déposé son rapport. Mais c'était là un projet qui, à raison même de sa portée générale, pouvait rester longtemps en discussion dans les deux Chambres, et n'être point voté peut-être pendant la législature en cours. Il était, par suite, peu susceptible de répondre à certains besoins urgents, auxquels il importait d'assurer une prompte satisfaction. Aussi, reculant la discussion de la loi générale tout d'abord proposée, la commission sénatoriale se borna à en détacher un certain nombre de dispositions assez simples sur lesquelles tout le monde était d'accord.

Remédiant, dans une assez large mesure, aux lacunes et aux vices des lois existantes, le projet ainsi remanié semblait devoir promptement aboutir. Il fut voté par le Sénat le 16 février 1894. Depuis lors, on semble avoir perdu de vue l'urgence des besoins auxquels il répondait. En tout cas, la commission, chargée par la Chambre de l'examen du projet, n'a point précipité ses travaux. A l'heure actuelle, cependant, le rapport, présenté en son nom par M. Pourquery de Boisserin, a été déposé. L'honorable rapporteur demande purement et simplement à la Chambre d'adopter le projet dans les termes mêmes où le Sénat a cru devoir le voter. Il insiste, comme on l'avait fait au Sénat, sur l'urgence qu'il y aurait à aboutir dans le plus bref délai possible. Dans ces conditions, il est bien permis de s'étonner du retard que subit la discussion du projet. Voilà bientôt près de trois ans qu'il a été transmis à la Chambre. Depuis, on ne cesse d'attendre, en Algérie, qu'une solution soit enfin donnée à certaines des difficultés qu'il envisage. On s'explique d'autant moins les atermoiements et les retards que tout le monde s'accorde à réclamer les solutions qu'il consacre. Certes, après cela, l'Algérie ne sera point encore dotée d'un régime foncier que lui pourra envier la France. Le vote de ce projet constituera néanmoins pour elle un *modus vivendi* acceptable, lui permettant d'attendre sans impatience la revision générale de sa législation foncière.

C'est là ce que je me propose d'indiquer aussi brièvement que possible. Il me faut, pour cela, procéder tout d'abord à un exposé rapide de la législation foncière qui régit actuellement l'Algérie. Cet exposé est nécessaire pour comprendre le but et la portée des principales dispositions du projet, sur lequel bientôt, je l'espère, la Chambre sera appelée à se prononcer.

II

Assurément, le régime foncier établi par le Code civil et les lois qui le complètent sur ce point, prête à plus d'une critique. La publicité dont il se contente est notoirement insuffisante à assurer sur des bases inébranlables la sécurité des transactions immobilières. Mais, si graves que soient les reproches qu'on lui puisse adresser, ce régime constitue néanmoins une législation parfaitement acceptable dans un pays où, comme en France, la propriété immobilière est normalement constatée par des titres précis et réguliers. Or, avec une louable persévérance, la pratique notariale s'est, depuis longtemps déjà, attachée à rédiger ces titres dans la forme la plus capable de remédier aux imperfections de la législation. Pas un acte n'est dressé pour régler ou constater une transaction immobilière, sans qu'on se préoccupe de rechercher avec soin et de fixer avec précision les origines de la propriété des immeubles auxquels la transaction se réfère. Quand, dans un pays, une pratique de ce genre est vieille de plus d'un siècle, il est bien rare que l'examen et la discussion des titres de propriété d'un immeuble laissent planer des doutes sérieux sur la réalité des droits de ceux qui s'en présentent comme propriétaires. Ce n'est pas là, sans doute, la garantie absolue que certaines législations plus modernes et plus savantes permettent de trouver dans le témoignage irréfutable de livres fonciers dressant et maintenant à jour l'état civil de la propriété foncière. C'est cependant, je le répète, une garantie de nature à donner aux transactions immobilières une sécurité presque toujours suffisante.

Transporté en Algérie, le régime du Code civil devait nécessairement y constituer une détestable législation foncière. Là en effet, la propriété indigène ne repose guère que sur la possession du sol, possession souvent précaire et discutable. Les titres musulmans, quand parfois ils existent, sont presque toujours obscurs ou imparfaits ; leur authenticité est le plus souvent douteuse. Dans ces conditions, comment l'application des règles du Code civil aurait-elle pu y assurer la sécurité des transactions immobilières intervenant entre Français et indigènes ? D'autre part, laisser ces transactions incertaines et aléatoires, c'était manifestement compromettre l'essor de la colonisation européenne. Réduits à traiter avec de simples possesseurs, dont ils ne pouvaient ni discuter ni vérifier les droits, les acquéreurs européens n'eussent point manqué de s'abstenir.

Une législation spéciale s'imposait, qui vint répondre aux nécessités de la situation. Il fallait que, d'une façon quelconque, on arrivât à donner à la propriété indigène les caractères de certitude et de fixité dont elle était dépourvue. Il fallait tout au moins que, traitant avec un indigène, l'acquéreur européen eût la possibilité de faire autre chose qu'une opération purement aléatoire. Ce fut là l'objet du sénatus-consulte du 22 avril 1863 et de la loi du 26 juillet 1873, modifiée plus tard par la loi du 28 avril 1887.

Le sénatus-consulte du 22 avril 1863 assura aux tribus la propriété des territoires dont elles avaient la jouissance permanente et traditionnelle, à quelque titre que ce fût. C'était, d'un seul coup, en finir avec toutes les incertitudes auxquelles pouvait prêter la nature même du droit appartenant aux indigènes sur le sol qu'ils cultivaient. Désormais, ils seraient tous propriétaires à titre définitif et incommutable, et leurs acquéreurs européens n'auraient plus à craindre de se voir expulsés, à raison de l'insuffisance des droits de leurs vendeurs. En outre, le sénatus-consulte prescrivait une série d'opérations destinées à délimiter, aussi exactement que possible, les territoires possédés par les différentes collectivités indigènes et même à rechercher les droits de chacun des membres de ces collectivités. En confirmant et en fixant ainsi les droits des possesseurs du sol, on espérait donner aux colons européens le moyen d'acquérir les terres dont ils avaient besoin. On comptait même ouvrir aux indigènes la possibilité de recourir au crédit.

Lorsque les douloureux événements de 1870 vinrent les suspendre, les opérations prescrites par le sénatus-consulte n'avaient encore été effectuées que dans la moitié des tribus à peine. Elles avaient, d'ailleurs, uniquement consisté à régler les prétentions respectives des tribus sur les territoires qu'elles parcouraient ou cultivaient.

Ce n'était certes point assez pour donner aux acquéreurs européens la sécurité qu'il fallait leur assurer. On ne pouvait l'obtenir qu'en faisant pour les particuliers ce qu'on avait fait pour les tribus elles-mêmes. Il fallait fixer les droits de chaque indigène dans les territoires affectés à sa tribu.

Tel fut le but de la loi du 26 juillet 1873. Cette loi détermina une procédure particulière, suivant laquelle on rechercherait les droits de chaque indigène dans les territoires de sa tribu. A la suite de cette procédure, d'ailleurs faite par ses soins, l'administration française délivrait aux indigènes reconnus propriétaires un titre constatant leur propriété, et établissant désormais cette propriété, à l'égard de tous, d'une manière définitive et irrévocable. C'était ainsi mettre aux mains des indigènes des titres sur la foi desquels les acquéreurs européens pourraient traiter. On pouvait donc croire qu'on en avait fini avec les incertitudes inhérentes avec la propriété indigène, et qu'on avait, par là même, doté l'Algérie d'une législation foncière dont la colonisation européenne ne tarderait point à ressentir les bienfaits.

Ce n'était pas là le seul espoir qu'escomptaient les rédacteurs de la loi de 1873. A leurs yeux, cette loi devait fonctionner comme un puissant moyen de civilisation, de nature à modifier profondément l'état social et les habitudes des indigènes. Faire de l'indigène un propriétaire individuel, sûr de son droit, c'était, en un instant, lui faire franchir les longues étapes, qui, dans la voie de la civilisation, séparent les peuples chez lesquels la propriété privée n'existe guère que comme un fait plus ou moins indécis, des nations où elle s'affirme comme le plus complet et le plus absolu des droits.

Assurément, si les vues de l'esprit suffisaient à prévoir et à fixer à l'avance les résultats d'une loi, les rédacteurs de la loi de 1873 eussent pu être fiers de leur œuvre. Mais ils avaient compté sans les habitudes sociales des indigènes. Leur erreur fut tout au moins de croire que ces habitudes seraient modifiés par l'action même de la loi.

L'espoir était chimérique.

Impuissante à déraciner des habitudes sociales dont elle n'avait point tenu compte, la loi allait, au contraire, en subir si profondément l'empreinte, que toute sa portée devait s'en trouver altérée et compromise.

On ne tarda pas à s'en apercevoir.

Chez les indigènes, le régime des terres était alors, comme il est encore aujourd'hui, la culture collective. Appelés à rechercher et à fixer les droits des particuliers, les commissaires enquêteurs — c'était le nom des fonctionnaires chargés de procéder aux opérations prescrites par la loi — ne se trouvaient jamais en présence que de communautés, plus ou moins nombreuses, cultivant indivisément un domaine, dont les récoltes se partageaient bien plutôt dans la mesure des besoins que dans celle des droits de chacun. Ce qu'ils pouvaient établir et constater, c'était donc une série de copropriétés, et la détermination des droits de chaque intéressé devait évidemment consister à préciser la quote-part qui représentait ces droits dans le domaine commun. Aussi les titres de propriété, délivrés par l'administration à la suite des opérations du commissaire enquêteur, ne pouvaient-ils s'appliquer qu'à cette quote-part. Tel avait **1/100e**, tel autre **2/100es**, et le titre délivré en faisait foi. Souvent même, à raison du grand nombre des ayants droit, les titres devaient se référer à des quotes-parts presque infinitésimales.

Ce résultat correspondait-il au but essentiel de la loi ? On avait voulu permettre aux Européens l'acquisition des propriétés indigènes. Autrefois, ils ne savaient avec qui traiter. Désormais, les titres délivrés ne permettent plus la même incertitude. Les propriétaires sont connus. Mais, le plus souvent, ils sont légion, et, faute de s'entendre avec tous, il faut renoncer à l'acquisition ou s'exposer aux inconvénients et aux risques de la copropriété. Dans ces conditions, pouvait-on dire que la loi nouvelle avait atteint le but essentiel qu'on lui avait assigné ?

On s'était aussi flatté de voir la loi fonctionner, dans es milieux indigènes , comme un puissant moyen de civilisation. On s'aperçut vite qu'elle n'y pouvait semer que la ruine et la misère. Certains hommes d'affaires algériens eurent bientôt fait de comprendre tout le parti qu'ils pouvaient tirer de ces innombrables copropriétés dont l'exécution de la loi parsemait l'Algérie. Toutes ces copropriétés, c'étaient autant de licitations en perspective, avec leur inséparable cortège de frais et d'incidents de procédure. Pour des communautés de 200 à 300 personnes, incapables de se concerter en vue de maintenir l'indivision ou d'effectuer un partage en nature, l'application de l'article 815 du Code civil devait nécessairement aboutir à une licitation des propriétés indivises. La perspective était alléchante autant qu'étaient faciles les occasions de provoquer des partages. Aussi, de toutes parts, les licitations se multiplièrent. Relatives bien souvent à des communautés de plusieurs centaines de membres, elles entraînaient presque toujours des frais de procédure que le prix de vente des immeubles licités ne suffisait point à solder. On a pu en citer dont les frais dépassaient 30.000 fr. pour des territoires de quelques centaines d'hectares, adjugés moins de 10.000 fr. Des milliers de familles se trouvaient ainsi, sans compensation aucune, dépossédées de leurs terrains de culture et jetées sur les grandes routes de la colonie, armée roulante d'affamés qui se grossissait sans cesse.

Au lieu d'avoir doté l'Algérie d'une loi civilisatrice, on se trouvait donc y avoir déchaîné, dans les milieux indigènes, une loi spoliatrice dont le fonctionnement constituait un véritable danger public. L'opinion ne tarda pas à s'en émouvoir, et il fallut se préoccuper des remèdes à apporter à une situation qui s'aggravait de jour en jour.

De là, la loi du 28 avril 1887.

Sans toucher au système général de la loi précédente, cette loi nouvelle tendit uniquement à en atténuer les inconvénients.

Dans ce but, elle enjoignit aux commissaires enquêteurs de s'écarter des errements suivis jusque-là. Ils ne devaient plus délivrer de titres constatant des copropriétés, mais seulement des titres relatifs à des parcelles divises. Il leur était donc prescrit de ne point s'en tenir à reconnaître les droits des communautés indigènes. Il leur fallait, en outre, procéder à un partage entre les différents membres de la communauté, et délivrer à chacun un titre afférent à la parcelle divise qui lui était attribuée en représentation de ses droits dans la masse indivise des immeubles communs.

C'était là encore une loi, dont le moindre défaut était de ne point tenir compte des habitudes et des besoins du milieu social dans lequel elle devait fonctionner. La culture collective ne résulte pas seulement, chez les indigènes, d'habitudes sociales anciennes ; elle est imposée par des nécessités économiques. Le laboureur indigène n'a ni engrais, ni fumures. Il se borne à gratter superficiellement le sol auquel il confie sa semence. Pour obtenir une moisson, il lui faut donc, chaque année, déplacer ses terrains de culture. D'autre part, chacun est loin de pouvoir, avec ses ressources personnelles, proportionner ses cultures à l'étendue de ses besoins. Tel ne possède qu'un bœuf, celui-ci n'a qu'une charrue, cet autre a seulement un âne ou une jument. Dans ces conditions, la mise en commun du sol et des instruments de culture s'impose comme une inéluctable nécessité.

Comment les opérations du commissaire enquêteur auraient-elles suffi à modifier cet état de choses ? Ce fonctionnaire avait beau s'en tenir scrupuleusement aux procédures prescrites et délivrer à chacun, dans la forme requise, un titre relatif à telle ou telle parcelle divise. A peine était-il parti, que tous retournaient à leurs anciens procédés de culture, et, de son passage, il ne restait guère que des titres nus, auxquels rien ne correspondait dans la réalité des faits. Sans doute, avec ce système, on n'avait plus à redouter les licitations ruineuses du passé. Mais il devenait vite impossible de déterminer à quelles parcelles s'appliquaient les titres délivrés. Au lieu de le démêler, on avait embrouillé davantage l'écheveau déjà si compliqué de la propriété indigène. Une fois de plus, la résistance des habitudes sociales avait eu raison de la toute-puissance de la loi.

Pendant plus de vingt ans, on a procédé aux opérations prescrites par la loi du 26 juillet 1873 et, plus tard, par celle du 28 avril 1887. Près de 20 millions ont été dépensés. D'elle-même, l'administration a cru devoir suspendre son œuvre, après avoir constaté que celle-ci était ou dangereuse ou vaine.

Le projet de la loi voté par le Sénat confirme législativement la condamnation des procédures d'ensemble destinées à doter les indigènes de la propriété individuelle. La constitution de cette propriété ne cesse évidemment pas d'être une chose désirable. Mais, comme le dit très bien M. Pourquery de Boisserin dans son rapport, il est des progrès qui ne s'imposent pas et qui ne sauraient se réaliser, chez les indigènes, en dehors d'une transformation de leurs idées, de leurs habitudes et de leurs besoins.

On peut regretter qu'il ait fallu, pour le reconnaître, la longue et coûteuse expérience des lois de 1873 et de 1887. La lumière est enfin faite. Le projet voté par le Sénat le constate. C'est déjà un mérite. Mais ce n'est pas le seul par lequel il se recommande à l'attention de la Chambre.

III

Les opérations d'ensemble, prescrites par la loi du 26 juillet 1873 en vue de constituer la propriété individuelle dans tous les territoires qu'on voulait ouvrir à la colonisation, ne pouvaient évidemment être l'œuvre d'un jour. On devait même prévoir que de longues années s'écouleraient avant leur complet achèvement. On était donc nécessairement amené à se préoccuper de la situation d'un Européen désireux d'acquérir un domaine dans une région où la loi n'aurait point encore été appliquée.

C'était à ce prix seulement que la loi de 1873 pouvait, aussi largement qu'on le voulait, ouvrir les territoires indigènes au libre essor de la colonisation européenne.

De là, dans cette loi, un titre spécial qui envisageait et réglait la question.

Une procédure particulière était mise à la disposition des acquéreurs européens, leur permettant de remédier à l'incertitude des droits de leurs vendeurs. Ils devaient d'abord procéder à certaines publications dont la loi réglait la forme. Destinées à provoquer les réclamations de tous ceux qui avaient intérêt à contester les droits des vendeurs, elles servaient de point de départ à un délai dans lequel, à peine de forclusion, les réclamations se devaient nécessairement produire. Ce délai expiré sans que nul ait contesté l'existence ou l'étendue des droits des vendeurs, l'acquéreur était fondé à réclamer la délivrance d'un titre par lequel l'administration constatait les droits résultant de l'acquisition, et contre lequel ne pouvait désormais prévaloir aucune revendication ultérieure. Au contraire, des contestations venaient-elles à se produire, l'acquéreur était toujours à temps de renoncer à son acquisition. Entendait-il y persister, il ne pouvait évidemment la considérer comme définitive qu'après avoir fait condamner les contestations dont l'existence ou l'étendue des droits de ses vendeurs était l'objet.

Ainsi réglée, l'innovation était heureuse. Elle était incontestablement de nature à donner aux acquéreurs européens une confiance qui, jusque-là, n'eût point été de mise. Il est même fort probable que, sur ce point, le législateur de 1873 eût fait œuvre définitive, si, donnant à la procédure qu'il organisait des effets absolus, il en eût en même temps réglé les formes de manière à ce que les déchéances qu'elle consacrait ne fussent point trop facilement encourues. Mais, à ce double point de vue, la pratique ne tarda pas à y révéler des lacunes et des vices tels que la loi devait manifestement rester au-dessous de son rôle.

Et d'abord, pour que la purge spéciale — c'était le nom qu'on donnait à la procédure dont je parle — ne risquât point de couvrir de révoltantes spoliations, il eût fallu que les formalités, dont elle se constituait, fussent réellement de nature à provoquer toutes les réclamations qu'elle pouvait forclore. Or, sur ce point, les dispositions de la loi de 1873 étaient notoirement insuffisantes. Je ne m'attarde point à les critiquer, car je dois reconnaître que, par d'heureuses réformes, la loi du 28 avril 1887 a singulièrement amélioré le système dont le législateur de 1873 avait cru devoir se contenter. Aujourd'hui, grâce aux modifications de la loi de 1887, les déchéances résultant de la purge spéciale ne sauraient être encourues sans qu'il y ait à relever au moins une négligence à la charge de ceux dont les droits sont frappés. L'intérêt public réclame trop impérieusement la sécurité des transactions immobilières, pour qu'il soit possible de demander davantage. A ce premier point de vue, la purge spéciale est donc, même dans la législation actuellement en vigueur, à peu près ce qu'elle doit être pour que ses déchéances n'apparaissent plus que comme de regrettables mais justes nécessités.

Mais, si elle donne aujourd'hui des garanties suffisantes à ceux dont elle peut atteindre les droits, assuret-elle aux acquéreurs qui y ont recours une sécurité dont ils se puissent contenter ? On comprend l'importance de la question. Il ne s'agit de rien moins que de savoir si, répondant à son but essentiel, la purge spéciale ouvre effectivement à la colonisation européenne les territoires où elle est applicable. Il n'en peut être ainsi, c'est d'évidence, qu'autant que l'acquéreur qui y a procédé se trouve désormais à l'abri de toute éviction ultérieure. Les opérations, les délais et les formalités dont elle se complique entraînent trop d'ennuis et de frais, pour qu'on se résolve à les subir, si l'on a l'arrière-pensée qu'ils seront inutiles. Aussi la purge spéciale ne pouvait-elle rendre les services qu'on attendait d'elle, sans que ses effets fussent définitifs et absolus.

C'est, du reste, en ce sens que la jurisprudence algérienne crut devoir interpréter tout d'abord les textes de la loi de 1873 qui déterminaient la portée et les conséquences de la purge spéciale. Le titre, délivré à la suite de cette procédure, devait, aux termes de la loi, former le point de départ unique de la propriété. La Cour d'Alger en avait conclu que, quels que fussent les titres des revendications ultérieures, celles-ci ne pourraient entamer la situation de l'acquéreur, et prévaloir contre le titre délivré par l'administration. En cela, du reste, il semble bien que la Cour ne faisait que se conformer à l'esprit même de la loi.

Appelée à se prononcer sur la question, la Cour de cassation a adopté une opinion contraire, qui, depuis, a été suivie et même étendue dans ses conséquences par la Cour d'Alger et les tribunaux algériens. Elle a estimé que le titre, délivré en exécution de la loi de 1873, ne saurait, d'une façon rigoureuse et absolue, purger la propriété de tous les droits que leurs titulaires n'auraient point invoqués et fait reconnaître dans les délais impartis par la loi. Les effets de la purge doivent, suivant la Cour suprême, se limiter aux seuls droits existants et prouvés d'après la loi musulmane. Mais ils ne sauraient être étendus aux droits qui, avant l'accomplissement des procédures de la loi de 1873, se trouvaient établis et constatés conformément aux dispositions de la loi française, soit par un titre notarié ou administratif, soit même par un jugement émanant d'un tribunal français. En ce qui concerne ces droits, on ne peut se prévaloir des déchéances édictées par la loi, et le titre, délivré par l'administration après l'observation de toutes les formalités prescrites, reste dénué de tout effet. Les titulaires de ces droits n'ont donc point à se préoccuper des opérations du commissaire enquêteur. Elles leur seront inopposables. Que, par exemple, au moyen d'un acte notarié aussi peu précis que possible, un indigène de mauvaise foi ait fait constater une aliénation immobilière, c'en est assez pour que, sur les immeubles auxquels l'acte se réfère ou paraît se référer, l'application de la loi de 1873 devienne désormais impuissante à assurer la situation d'un acquéreur.

Je ne veux point discuter les considérations juridiques qui ont entraîné la Cour suprême. Ce qui est certain, c'est que toute distinction du genre de celle qui a prévalu paraît manifestement incompatible avec le but même de la loi de 1873. Dès l'instant qu'il n'assure plus la situation de celui qui le sollicite, le titre délivré par l'administration perd nécessairement toute valeur, et les formalités auxquelles la loi en subordonne la délivrance, deviennent inutiles et frustratoires. Les intéressés l'ont bien compris. Depuis que la jurisprudence s'est fixée dans le sens de la distinction dont je viens de parler, la purge spéciale de la loi de 1873 a cessé d'être pratiquée. A l'heure actuelle, les colons acquéreurs de terres indigènes ne trouvent, dans les lois existantes, aucun moyen de se prémunir contre les risques d'une éviction. Ils en sont réduits à attendre avec impatience le vote d'une loi leur permettant enfin de garantir leurs droits.

Ce progrès indispensable, la proposition de loi actuellement soumise à la Chambre le réalise. En même temps qu'elle simplifie et améliore la procédure de la purge spéciale, elle donne à celle-ci des effets définitifs et absolus. A ce seul point de vue, il serait urgent de la voter.

Aussi bien, ce n'est pas là le seul mérite qu'on lui doive reconnaître. Je n'entends pas sans doute procéder à une analyse détaillée et complète de ses différentes dispositions. Je tiens cependant à indiquer une autre de ses réformes, non pas seulement à raison des services que cette réforme est appelée à rendre, mais aussi pour indiquer dans quel sens éminemment pratique la proposition a été conçue.

Dans le système de la loi de 1873 — et la loi de 1887 n'avait rien modifié sur ce point — l'acquéreur européen seul était admis au bénéfice de la purge spéciale. Vainement un indigène, plus éclairé que ses congénères, aurait compris les avantages de cette procédure, et cherché, par elle, à asseoir sa propriété sur des titres précis et indiscutables. Incapable d'y recourir, il lui fallait attendre que ses propriétés fussent comprises dans des procédures d'ensemble. J'ai connu un riche indigène dont les propriétés représentaient un gage immobilier de plus de cinq millions. Faute de titres réguliers, il ne parvenait pas à réaliser, à un taux normal et à des conditions acceptables, un emprunt de moins de cent mille francs, pour la garantie duquel il offrait d'hypothéquer la totalité de ses domaines. Il se plaignait avec raison de ne pouvoir profiter des dispositions de la loi de 1873. Pendant ce temps, des milliers d'indigènes étaient dotés de titres qu'ils ne sollicitaient point, et dont ils devaient connaître les dangers avant d'en avoir compris l'utilité et les bienfaits.

La proposition actuelle comble la lacune que présentaient, sur ce point, les lois de 1873 et de 1887. Elle rend la purge spéciale accessible aux indigènes, aussi bien qu'aux Européens. Grâce à cette procédure, tous pourraient indistinctement obtenir des titres consolidant leur propriété et assurant leur crédit.

Ainsi étendue et améliorée, la purge spéciale se présente avec tous les caractères et les avantages d'une institution vraiment appropriée aux nécessités de la situation. C'en est assez pour ne point chercher d'autres mérites à la proposition de loi dont la Chambre a trop longtemps différé l'examen (1). Il ne s'agit point là sans

(1) Il en est d'autres cependant dont on ne manquera point de faire remarquer l'opportunité et la sagesse. C'est ainsi que, par des prescriptions fort sages, la proposition soumise aux délibérations de la Chambre se préoccupe de parer aux inconvénients des licitations et des partages dont les indigènes ont eu si fort à souffrir depuis l'application de la loi du 26 juillet 1873. Grâce à l'adoption des prescriptions

doute d'une de ces lois dogmatiques et brillantes, ouvrant d'aussi séduisantes perspectives que celles dont avaient pu se leurrer les rédacteurs de la loi de 1873. Tout au contraire, sans se soucier même d'un ordre méthodique, la loi proposée se borne à réunir une série de dispositions assez diverses, et son unique préoccupation est évidemment d'approprier aux besoins de la pratique les différentes solutions qu'elle consacre. Avant tout, elle entend mettre à profit l'expérience des lois précédentes, et échapper aux critiques que celles-ci ont méritées. Mais, si ses visées sont moins ambitieuses, sa portée est, par contre, assez nettement définie pour que, sans rien craindre des mécomptes du passé, il soit incontestablement permis d'en énumérer les avantages et d'en escompter les résultats.

En retarder plus longtemps la discussion et le vote serait assurément méconnaître qu'il y a urgence à doter enfin l'Algérie d'une loi susceptible de remédier efficacement aux incertitudes de la propriété indigène. Tant qu'une loi semblable n'y sera point promulguée, la sécurité des transactions immobilières ne saurait y exister, et, partant, on pourra reprocher au législateur de se désintéresser de l'un des premiers devoirs que lui impose l'œuvre de civilisation et de progrès dont la France a assumé la tâche en Algérie (1).

dont je parle, les innombrables copropriétaires, dont la loi de 1873 a consacré les droits, cesseraient d'être exposés à la ruine par cela seul que serait demandée la cessation de l'indivision dans laquelle ils sont compris.

(1) La proposition à laquelle se référait cet article est, depuis la rédaction de celui-ci, passé dans la législation algérienne. La Chambre l'a adoptée telle que l'avait votée le Sénat. Elle a été promulguée au *Journal officiel* du 18 février 1897.

La prorogation des pouvoirs disciplinaires

DES

Administrateurs de commune mixte

en Algérie

I

C'est le 25 juin prochain qu'expirent les sept années pendant lesquelles la loi du 25 juin 1890 a maintenu aux administrateurs de commune mixte les pouvoirs disciplinaires, dont, pour la première fois, les avait investis la loi du 28 juillet 1881. Avant cette date, les Chambres seront donc nécessairement appelées à se prononcer sur la question de savoir si ces pouvoirs doivent encore être prorogés, ou s'il faut les abolir.

Peu de questions présentent pour l'Algérie un intérêt plus capital. C'est, en même temps, une de ces questions algériennes à propos desquelles on peut facilement égarer l'opinion publique en France. Il importe donc de la poser telle qu'elle doit l'être. C'est à la lumière des faits qu'il faut l'examiner et la trancher. On ne saurait la dégager, avec trop de soin, de bien des considérations, qui ne peuvent que l'obscurcir et déplacer le point de vue auquel il est indispensable de se placer pour la bien résoudre.

En quoi consistent les pouvoirs disciplinaires dont sont armés les administrateurs de commune mixte ? C'est le droit pour ces fonctionnaires d'appliquer, dans certains cas, aux indigènes les peines de simple police prévues par les articles 464, 465 et 466 du Code pénal. Un emprisonnement de 1 à 5 jours, une amende de 1 à 15 francs, la prison et l'amende pouvant être cumulées, et même s'élever au double en cas de récidive prévue par l'article 483 du Code pénal, telles sont les pénalités dont disposent les administrateurs. Quant aux infractions que ces pénalités sont destinées à réprimer, elles font l'objet d'une énumération, actuellement précisée dans un tableau annexé à la loi du 25 juin 1890.

La procédure qui préside aux condamnations prononcées par les administrateurs, est, il est vrai, essentiellement sommaire. Evidemment, il y a moins là l'exercice d'une véritable juridiction que l'usage de pouvoirs analogues à ceux en vertu desquels l'officier inflige la salle de police ou la prison. Mais, pour être essentiellement sommaire, cette procédure n'est pas dénuée de toute garantie. C'est ainsi qu'après avoir constaté l'infraction et prononcé la peine, l'administrateur est tenu d'inscrire sa décision sur un registre à souche, coté et paraphé. Il doit en indiquer sommairement les motifs. Chaque semaine, un extrait de ce registre est transmis, par voie hiérarchique, au gouverneur général. Enfin, un volant détaché du registre à souche, et portant les indications nécessaires, doit être sur-le-champ remis à l'indigène puni. Telles sont les garanties que le législateur a cru devoir mettre à l'exercice des pouvoirs disciplinaires conférés aux administrateurs. Il était difficile de les imaginer plus simples. Avec elles, l'administrateur reste sans doute maître de sa décision. Mais le contrôle de celle-ci est assurée. Or, c'est là une garantie précieuse, dont il est difficile de méconnaître la portée.

En outre, l'indigène puni, au moins si la peine qui le frappe est supérieure à vingt-quatre heures de prison ou à 5 francs d'amende, peut toujours en appeler devant le préfet dans l'arrondissement du chef-lieu de département, et devant le sous-préfet dans les autres arrondissements. Saisi de l'appel, le préfet ou le sous-préfet a la faculté de réduire ou de supprimer la peine, et sa décision, notifiée à l'administrateur, doit être inscrite sur le registre à souche, en marge de la condamnation infirmée.

Si simples qu'elles soient, les formalités que j'ai indiquées tout à l'heure n'en sont pas moins suffisantes pour assurer, d'une façon effective, l'exercice de ce droit d'appel. C'en est assez pour qu'il ne soit rien moins qu'exact de considérer comme purement arbitraires les pouvoirs disciplinaires dont les administrateurs sont armés.

Et cependant, les a t-on assez critiqués !

En 1888, lorsque le gouvernement demanda aux Chambres la prorogation du régime inauguré par la loi du 28 juin 1881, son projet, assez facilement adopté par la Chambre des députés, rencontra au Sénat une résistance très vive. M. le sénateur Isaac se fit l'âme de cette résistance. Malgré les efforts du sous-secrétaire d'Etat à l'Intérieur, M. Bourgeois, et de M. Jacques le rapporteur du projet, il réussit à faire limiter à deux ans les pouvoirs dont le gouvernement sollicitait le renouvellement pour sept années. En 1890, le débat fut repris. Comme en 1888, le gouvernement demandait une prorogation de sept années. La Chambre des députés adopta sans résistance le projet du gouvernement. Mais, porté au Sénat, ce projet y rencontra une opposition plus vive encore qu'en 1888. Il fut néanmoins voté le 16 juin, mais avec certaines modifications que la Chambre ratifia le 24 juin, la veille même du jour où expirait la prorogation biennale, concédée par la loi du 25 juin 1888. Consentie pour sept ans à compter du 25 juin 1890, la prorogation des pouvoirs disciplinaires expire donc le 25 juin 1897.

Sera-t-elle renouvelée ?

Cela est probable. Ce qui est plus certain, c'est que les adversaires des pouvoirs disciplinaires n'ont point désarmé, et qu'ils ne manqueront pas de reproduire contre eux les arguments vainement invoqués en 1888 et en 1890. Il semble que, dès maintenant, on se soit préoccupé de préparer, dans l'opinion publique, un courant nettement hostile à toute prorogation nouvelle.

Évidemment, ce n'est point en Algérie que ce courant pourra se former. Personne ne songe à y trouver excessifs les pouvoirs dont sont armés les administrateurs. Mais, en France, on est loin d'avoir, d'une façon générale, une notion très nette de ce que sont les milieux indigènes, et du rôle confié aux administrateurs. Ils ne sont pas rares ceux qui, trompés par l'analogie des mots, songent à voir dans la commune mixte un organisme comparable à la commune française. Plus nombreux peut-être sont ceux qui pensent que, si les indigènes algériens n'ont point encore ouvert leur cœur à la France, la faute en est aux rigueurs du régime administratif qu'on leur applique, à la façon dont les traitent et les exploitent les Français d'Algérie.

Dans ces conditions, faut-il s'étonner qu'on puisse créer, en France, un courant d'opinion hostile aux pouvoirs disciplinaires des administrateurs ? Ce courant, on peut facilement l'exploiter ; on peut, en groupant quelques faits regrettables auxquels l'exercice des pouvoirs disciplinaires aurait donné lieu, faire croire que, grâce à ces pouvoirs, les administrateurs courbent les indigènes sous un joug de fer qui les révolte et les exaspère.

L'esprit français s'exalte volontiers quand on lui parle au nom des principes. Dès qu'on lui dénonce des institutions comme contraires aux règles de droit public dont il est coutumier, il les considère aisément comme de véritables monstruosités juridiques. Qu'on lui signale un homme qui est à la fois un chef qui commande et un juge qui punit, il est prêt à n'y voir qu'un effrayant despote, et de l'administrateur il fait vite un satrape devant lequel tremblent les indigènes terrorisés. Le sujet prête à des effets de généreuse indignation. Avec un peu de rhétorique, on peut arriver assez facilement à égarer l'opinion publique, à lui faire envisager tout autrement qu'elle doit l'être la question des pouvoirs disciplinaires des administrateurs. Or, pour quiconque connaît les milieux indigènes, ces pouvoirs sont essentiels. On ne saurait en priver les administrateurs, sans les dépouiller, aux yeux des indigènes, de l'autorité qui leur est indispensable. Ce serait, en même temps, porter un coup mortel au prestige de la France, car c'est dans leurs chefs immédiats que les indigènes sont naturellement portés à en incarner l'autorité et la puissance.

Il importe donc de mettre l'opinion publique en garde contre des critiques dont elle pourrait facilement s'exagérer l'importance. Ces critiques, on ne saurait trop le redire, ne résistent pas à l'examen des faits. Il faudrait, une bonne fois, en faire justice et les écarter définitivement du débat. C'est là ce que je me propose, en rappelant le rôle qui incombe aux administrateurs de commune mixte, en montrant à quels besoins répondent les pouvoirs disciplinaires dont ils sont armés, en indiquant enfin les résultats donnés par l'exercice de ces pouvoirs.

II

En France, on ne se fait pas peut-être une idée suffisamment exacte de ce que sont les communes mixtes de l'Algérie. On appelle ainsi des circonscriptions territoriales organisées sur le modèle de la commune française, mais qui, en réalité, n'ont avec celle-ci que des analogies assez lointaines. Créées en 1868, elles doivent leur constitution définitive à un arrêté du gouverneur général, en date du 24 décembre 1875. Elles forment comme un rouage de transition, appelé à fonctionner entre les territoires de commandement, encore soumis au régime militaire et administrés par les officiers de bureau arabe, et les communes de plein exercice, qui, sauf sur certains points de détail, jouissent d'une organisation identique à celle des communes de la métropole, et sont, comme ces dernières, régies par la loi du 5 avril 1884.

A la tête de la commune mixte est placé un administrateur, dont la nomination appartient au gouverneur général. Il est secondé par des adjoints qui sont, comme lui, choisis par le gouverneur. Sous sa présidence, se réunit une commission municipale, assemblée délibérante et consultative, dont le rôle rappelle celui des conseils municipaux dans les communes de plein exercice. Elle comprend des Français et des indigènes. Les membres français y sont appelés comme représentants des centres de colonisation qui existent dans la commune. Quant aux membres indigènes, ils y représentent les différents douars ou tribus, dans lesquels se groupe la population indigène de la commune. C'est au gouverneur général qu'appartient la désignation des membres indigènes de la commission municipale. De préférence, on prend les chefs des différents douars. Ainsi composée, la commission municipale est chargée de gérer, d'administrer le patrimoine communal, ainsi que celui des différents douars réunis dans la commune. Comme je l'indiquais tout à l'heure, son rôle rappelle d'assez près celui des conseils municipaux dans les communes de plein exercice.

Quoi qu'il en soit, l'administrateur est le véritable chef de la commune. Secondé par ses adjoints et par les caïds placés à la tête des douars, il est chargé, avant tout, d'une mission de police consistant à maintenir l'ordre, à assurer la sécurité et la tranquillité publiques dans tous les territoires de la commune. Pour se faire une idée du rôle qui, à ce titre, incombe aux administrateurs, il faut songer que les communes mixtes comprennent à peu près les 5/6 du territoire civil de l'Algérie, qu'elles ne renferment pas moins des 2/3 de la population musulmane. Nombre d'entre elles ont une superficie dépassant 200.000 hectares : la plus vaste, celle du Telagh, dans l'arrondissement de Sidi-bel-Abbès, ne comprend pas moins de 450.000 hectares, dont 200.000 hectares de forêts : c'est une superficie supérieure à celle de certains de nos départements français. Quant à la population indigène qui s'y groupe, elle est, dans la plupart des communes mixtes, supérieure à 20.000 âmes ; dans quelques-unes, elles dépasse 60.000 âmes ; dans la commune de la Soummam, par exemple, elle atteint 100.000 âmes.

Voilà les territoires et les populations que les administrateurs ont mission de surveiller et de régir avec l'aide des adjoints et des caïds placés sous leurs ordres. La force effective, dont ils disposent dans ce but, se réduit à quelques cavaliers indigènes ou *deiras*, dont le nombre total, pour toutes les communes mixtes, ne dépasse pas 400. C'est donc, dans chaque commune, une force armée de 5 à 6 hommes qui est prête à appuyer l'action de l'administrateur. Dans ces conditions, c'est bien moins par la force que par le prestige qui s'attache à lui comme représentant de la France, que l'administrateur doit assurer l'exécution de ses ordres et soutenir son autorité aux yeux des indigènes. Or, de toutes les prérogatives qui lui ont été reconnues en vue d'asseoir et de rehausser son prestige, il n'en est pas de plus précieuse que les pouvoirs disciplinaires dont il est armé. Grâce à eux, l'administrateur peut sanctionner par des pénalités immédiates les ordres qu'il croit devoir donner. Peu de chose sans doute, si on les compare aux châtiments en usage sous la domination des Turcs, ces pénalités ont néanmoins le grand avantage d'affirmer, de rendre manifeste et tangible l'autorité de celui qui les prononce. Pour des populations primitives, dépourvues de toute notion abstraite, l'autorité n'existe qu'à ce prix. Dépouillé des pouvoirs disciplinaires, l'administrateur perdrait vite tout prestige aux yeux des indigènes, et il ne saurait trop en avoir pour la tâche immense qui lui incombe.

C'est à la loi du 29 juin 1881 que remontent les pouvoirs disciplinaires des administrateurs. Jusque-là, le territoire civil, tout en englobant un certain nombre de tribus, ne comprenait guère que des régions déjà ouvertes à la colonisation, où l'élément européen s'était déjà formé en groupes susceptibles de constituer des centres d'influence et d'action. Là où les groupes avaient paru d'une importance suffisante pour les nécessités de la vie communale, on avait créé des communes de plein exercice. Ailleurs, on avait organisé des communes mixtes, en attendant que le développement des centres de colonisation en voie de formation permît la création de nouvelles communes de plein exercice. Au delà, c'étaient les territoires de commandement soumis au régime militaire et administrés par les officiers de bureau arabe.

En 1881, M. le gouverneur général Albert Grévy enleva d'un seul coup aux territoires de commandement, pour les rattacher au territoire civil, plus de six millions d'hectares, habités par une population indigène de plus d'un million d'âmes. Désormais, le territoire civil, comprenant tout le Tell algérien et une partie des Hauts Plateaux, allait renfermer la grande majorité des populations musulmanes de l'Algérie. C'était élargir d'autant le cadre des communes mixtes et leur donner une importance qu'elles n'avaient point eue jusqu'alors. Du même coup. c'était augmenter singulièrement la portée, en même temps que modifier le caractère de la mission jusque-là dévolue aux administrateurs. Les nouvelles communes mixtes comprenaient d'immenses territoires, où nulle part l'élément européen ne se groupait encore. Longtemps placées sous le régime militaire, les populations de ces territoires étaient accoutumées à voir entre les mains de ceux qui les administraient des pouvoirs considérables, d'une application immédiate, et, partant, bien propres à triompher de toutes les mauvaises volontés, à briser toutes les résistances. Substituer aux officiers de bureau arabe des administrateurs civils, sans donner à ceux-ci des pouvoirs analogues à ceux de leurs prédécesseurs, c'eût été d'avance compromettre l'œuvre qu'assumait l'administration civile dans les régions nouvelles dont elle prenait possession. De toute nécessité, il fallait assurer aux administrateurs la même autorité, le même prestige qu'aux officiers de bureau arabe. Dans ce but, il était indispensable de leur conférer des pouvoirs identiques. Par la force même des choses, l'administrateur devait devenir un chef de bureau arabe civil.

De là, la loi du 29 juin 1881 qui investit les administrateurs de pouvoirs disciplinaires. A ce moment, tout le monde s'inclinait devant les circonstances qui imposaient la loi. Celle-ci ne fut combattue ni à la Chambre des députés, ni au Sénat. Seulement, comme les circonstances qui la rendaient indispensable semblaient passagères, on crut devoir en limiter la portée à sept années seulement. A la Chambre, le rapporteur de la loi, M. le député Gastu, ajoutait du reste que si, à l'expiration de cette période, les résultats de la loi avaient été favorables, et si, d'autre part, cela paraissait utile, il serait loisible au gouvernement d'en demander le maintien.

Seize ans se sont écoulés depuis cette époque.

Par deux fois, le gouvernement a demandé la prorogation des pouvoirs disciplinaires. Une première fois, la loi du 27 juin 1888 a prorogé ces pouvoirs pour deux années seulement. Une seconde fois, la loi du 25 juin 1890 les a maintenus pour une nouvelle période de sept années. Cette période expire le 25 juin 1897.

De nouveau, va donc se poser devant le Parlement la même question qu'en 1888 et en 1890. Doit-on proroger, faut-il, au contraire, abolir les pouvoir disciplinaires des administrateurs ?

Si, d'une part, les circonstances qui ont paru nécessiter la loi du 29 juin 1881 ne se sont point encore sensiblement modifiées, si, d'autre part, l'expérience de la loi est favorable, si, dans la pratique, les résultats qu'elle donne sont satisfaisants, pourquoi songerait-on à répudier le système qu'elle a consacré ? Ce sont bien là, semble-t-il, les seules considérations qui devraient dominer le débat.

Qu'on s'attache aux unes ou aux autres, le maintien des pouvoirs disciplinaires paraît s'imposer.

III

Et d'abord que subsistent encore, en 1897, les circonstances qui, en 1881, ont paru nécessiter les pouvoirs disciplinaires, cela n'est pas douteux. Aujourd'hui, comme en 1881, c'est, avant tout, sur leur prestige que doivent compter les administrateurs pour s'acquitter de la mission si complexe qui leur est confiée. La force armée dont ils disposent n'a point été augmentée. Nulle part, dans les territoires des communes mixtes, la colonisation n'a groupé l'élément européen en centres susceptibles d'influence et d'action. En veut-on une preuve? Depuis 1890, six communes de plein exercice ont été créées en Algérie. Sur ces six communes, deux seulement ont été constituées avec des territoires empruntés aux territoires des communes mixtes. Les autres créations ont consisté simplement à transformer, en communes indépendantes, des centres de colonisation rattachés jusque-là, comme annexes, à une ancienne commune de plein exercice. En 1897, pas plus qu'en 1881, ni la force armée dont ils disposent, ni le voisinage et l'influence des centres de colonisation ne sauraient donc fournir un appui sérieux et efficace à l'action des administrateurs.

D'autre part, peut-on dire que les sentiments, les habitudes des populations indigènes se soient sensiblement modifiés depuis quinze ou seize ans? Ce serait gratuitement supposer que des milieux aussi arriérés, aussi réfractaires à tout progrès que les milieux indigènes de l'Algérie se soient mystérieusement prêtés à une de ces transformations rapides, presque sans exemple dans la vie des peuples. A coup sûr, les indices d'une transformation de ce genre sont loin de se révéler avec une évidence qui les impose. Un publiciste de talent, M. Paul Bourde, résumant en 1890 les résultats atteints jusque-là, en Algérie, quant à la civilisation des musulmans, n'hésitait point à dire : « Ils se chiffrent par zéro ». La formule est peut-être un peu tranchante. On serait cependant bien désarmé pour la combattre, si c'était par périodes de douze ou quinze ans que devaient se marquer les étapes de la civilisation chez un peuple, dont on ne modifie radicalement ni les besoins économiques, ni les habitudes sociales.

Mais alors comment admettre que les pouvoirs disciplinaires, considérés comme indispensables en 1881 et en 1890, soient, en 1897, jugés inadmissibles et définitivement écartés ?

Quant aux résultats de la loi du 29 juin 1881, on ne saurait les méconnaitre. Grâce aux pouvoirs disciplinaires reconnus aux administrateurs, la substitution de l'autorité civile à l'autorité militaire a pu se faire sans à-coup. Même parmi les tribus les plus remuantes, on n'a pu signaler aucun acte d'insubordination grave et, nulle part, la sûreté publique n'a été mise en péril. En un mot, les administrateurs se sont montrés partout les dignes successeurs des officiers de bureau arabe. Non seulement l'œuvre commencée par l'administration militaire n'a pas été compromise, mais elle a été partout développée et affermie ! Il est permis de croire qu'on n'aurait point à se féliciter de semblables résultats, si on n'avait point donné aux administrateurs les pouvoirs disciplinaires des officiers de bureau arabe, si, faute de semblables pouvoirs, les administrateurs eussent été placés dans une situation d'infériorité par trop marquée vis-à-vis de leurs prédécesseurs. Ce serait une singulière façon de les aider à consolider leur œuvre de civilisation et d'assimilation que de les priver désormais des pouvoirs qui leur ont permis de la préparer et d'en accuser déjà les progrès.

IV

Ainsi, à s'en tenir aux seules considérations qui devraient dominer le débat, il semble qu'aucune objection ne saurait être faite au maintien des pouvoirs disciplinaires dont les administrateurs sont actuellement investis. Mais il faut compter avec cette sorte de fétichisme que professe l'esprit français pour les principes qu'il considère comme les conditions mêmes de la vie sociale d'un peuple. Il faut également se préoccuper de l'ignorance où l'on est, en France, de ce que sont les milieux indigènes de l'Algérie, et des conditions dans lesquelles s'exerce l'action des administrateurs. Or, il n'est pas douteux que les pouvoirs disciplinaires des administrateurs paraissent peu compatibles avec le principe de la séparation des pouvoirs. C'en est assez pour que, sans se préoccuper de la différence des milieux sociaux, on n'hésite point à les présenter comme de véritables monstruosités juridiques, révoltant les indigènes non moins qu'elles nous révolteraient nous-mêmes.

Tel a été le thème favori de toutes les attaques dirigées contre les pouvoirs disciplinaires des administrateurs, et on doit s'attendre à ce que ce thème soit repris et développé en 1897, comme il l'a été précédemment, en 1888 aussi bien qu'en 1890.

Assurément, je ne veux pas mettre en doute la bonne foi de ceux qui se sont faits ou se feront les protagonistes des résistances opposées au maintien des pouvoirs disciplinaires des administrateurs. Mais cette bonne foi ne suppose rien moins qu'une ignorance complète des milieux indigènes de l'Algérie. Supposer les indigènes révoltés par les pouvoirs disciplinaires des administrateurs, c'est, en effet, leur prêter gratuitement des sentiments et des idées qu'ils ne soupçonnent point et dont ils n'ont cure. Ce qui serait pour des Français une exorbitante anomalie ne se présente nullement ainsi aux yeux des indigènes. Pour eux, c'est dans le chef qui les commande que s'incarne l'autorité sous toutes ses formes, avec tous ses attributs. Pour eux, le *hakem* (1), comme autrefois l'officier de bureau arabe, personnifie le *beylick*, c'est-à-dire la puissance supérieure de la nation conquérante : comment s'étonneraient-ils de voir en lui un chef qui donne des ordres et qui, au besoin, punit ceux qui y contreviennent ? Ce qui les étonnerait plutôt, c'est un chef donnant des ordres dont il ne pourrait sanctionner l'exécution. C'est évidemment cela qui serait contraire à la notion nécessairement simple et primitive que les indigènes se font de l'autorité, à la façon traditionnelle dont, depuis des siècles, elle s'est affirmée à leurs yeux. Ils n'auraient qu'une bien pauvre idée d'un chef qui devrait se borner à constater, sans les punir, les mauvaises volontés ou les résistances que rencontreraient ses ordres. L'autorité d'un semblable chef serait vite compromise et dépouillée de tout prestige. Voilà ce qu'on ne saurait trop répéter pour répondre aux critiques de ceux qui s'indignent vraiment trop volontiers de voir même une parcelle de l'autorité judiciaire entre les mains d'agents du pouvoir exécutif (2).

(1) C'est ainsi que les indigènes désignent l'administrateur.

(2) Voyez notamment le rapport de M. Foncin sur l'Algérie et la Tunisie. *Recueil des Délibérations du Congrès National colonial*. Paris, 1890, t. I. p, 129 et s., et t. II, p. 91 et s.

Que propose-t-on, du reste, pour remédier aux prétendus vices de l'organisation actuelle ? De confier aux juges de paix la répression des infractions que, jusqu'ici, les administrateurs pouvaient punir. Ces derniers devraient se borner désormais à demander l'application des peines qu'ils prononcent eux-mêmes aujourd'hui.

Évidemment cela donne satisfaction aux scrupules juridiques de ceux que révoltent l'idée des pouvoirs disciplinaires conférés aux administrateurs, et l'atteinte ainsi portée au principe de la séparation des pouvoirs.

Mais se doute-t-on seulement des difficultés pratiques que rencontrerait le fonctionnement d'un semblable système ? J'ai parlé tout à l'heure de l'étendue des communes mixtes. L'étendue des justices de paix est souvent bien plus considérable. La juridiction de certaines d'entre elles s'étend à plusieurs communes mixtes. La justice de paix de Batna, par exemple, ne comprend pas moins de six communes : deux communes de plein exercice, Batna et Lambèse, et les quatre communes mixtes d'Aïn el Ksar, de l'Aurès, d'Aïn Touta et des Ouled Soltan. Dans ces 6 communes, une populatien indigène de plus de 100.000 âmes se trouve disséminée sur des territoires d'une étendue totale de près d'un million d'hectares (1). Se figure-t-on, dans ces conditions, le fonc-

(1) Voici quelques autres exemples de ce que sont les cantons judiciaires de l'Algérie. Comprenant les 3 communes mixtes de la Meskiana, d'Oum el Bouaghi et de Sedrata, le canton judiciaire d'Aïn Beïda englobe une superficie de près de 600.000 hectares habités par une population indigène de 65.000 âmes. Quant au canton judiciaire de Bordj Bou Arréridj, il est plus vaste encore. Réunissant les trois communes mixtes des Bibans, des Maadid et de Msila, il s'étend sur un territoire de plus de 750.000 hectares, dont la population indigène dépasse 100.000 âmes.

tionnement de la réforme qu'on propose ? Ce serait souvent de 80 ou 100 kilomètres que les administrateurs devraient amener devant le juge de paix les indigènes dont l'insubordination ou la mauvaise volonté nécessiterait une répression. Il y aurait là, tout d'abord, une singulière aggravation de la peine que l'administrateur aurait prononcée sur place. Mais, ce qui est bien plus grave, on porterait ainsi un coup mortel au prestige des administrateurs. A moins que le juge de paix se bornât à un enregistrement pur et simple des réquisitions de l'administrateur, un débat précéderait toujours sa sentence. Les indigènes y viendraient vite avec tout le cortège de témoins qu'ils peuvent si aisément raccoler, dès qu'il s'agit d'égarer notre justice. Entre leurs dépositions et celle de l'administrateur, le juge pourrait parfois hésiter. Il n'en faudrait pas plus pour que, quelle que soit la sentence, l'autorité de l'administrateur soit désormais ruinée aux yeux des indigènes. Sachant qu'ils peuvent discuter ses ordres, ceux-ci prendraient vite leur revanche de longues années d'obéissance et de soumission, et l'administrateur ne trouverait plus devant lui que mauvaises volontés et résistances.

Quant à croire que, dans une mesure quelconque, les indigènes auraient conscience des motifs d'ordre supérieur qui auraient dicté la réforme, c'est se faire d'étranges illusions sur les sentiments qu'éveille chez eux le formalisme compliqué de nos institutions judiciaires. Pour eux, la vraie justice, c'est la justice sommaire du chef dans lequel ils incarnent l'autorité. Ils n'ont point encore compris la nôtre.

Il y a quelque temps, à propos d'un débat récent qui

l'avait appelé à la tribune de la Chambre des députés, M. le gouverneur général Cambon avait l'occasion de citer un mot bien caractéristique de Mohamed ou Srir, le père du caïd actuel des Zibans, Mohamed ben Ganah. On ne saurait trop le livrer aux méditations de ceux qui font raisonner les indigènes, en leur prêtant nos manières de voir et nos idées. C'était au moment où, d'un trait de plume, M. Albert Grévy venait de doubler le territoire civil de l'Algérie. Interrogeant le général commandant la division de Constantine, Mohamed ou Srir lui disait : « Est-il vrai que tant de régions passent en territoire civil ? — Oui, répondit le général. — Alors, répliqua Mohamed, il n'y a plus de justice : il faudra des témoins ».

Il faut ignorer profondément ce que sont les milieux indigènes pour ne point comprendre toute la portée de cet aphorisme du représentant d'une des plus anciennes et des plus nobles familles de l'Algérie. Elle est la meilleure et, du reste, la seule réponse à faire à tous ceux qui oublient par trop que, pour les indigènes algériens comme pour toutes les populations primitives, l'arbitraire d'un chef sévère, mais juste, apparaît vraiment comme le meilleur idéal de justice.

Toutes les formes qui, chez nous, enchaînent le juge et dominent sa sentence, ne se présentent à leurs yeux que comme autant de moyens d'égarer sa justice. Dans ces conditions, comment parler des répugnances et des révoltes que soulèveraient, dans les milieux indigènes, les procédés de justice sommaire qui président à l'exercice des pouvoirs disciplinaires dont les administrateurs sont investis ? Quoi qu'on en dise, il faut, de longtemps encore, renoncer à voir les indigènes s'indigner de ce que les institutions qu'on leur applique, ne se trouvent point conformes au principe de la séparation des pouvoirs.

V

Que reste-t-il donc des critiques tant de fois formulées contre les pouvoirs disciplinaires des administrateurs ? Qu'ils peuvent donner lieu à d'épouvantables abus, pour peu qu'on les remette entre des mains indignes.

Assurément, ces pouvoirs sont exercés au milieu de populations trop primitives, et dans des régions trop lointaines, pour que l'arbitraire en puisse être totalement banni. Je n'ignore pas qu'on a pu signaler parfois certains faits regrettables, auxquels l'exercice des pouvoirs disciplinaires aurait donné lieu. Mais, là encore, on a singulièrement exagéré, et bien des actes de despotisme n'ont guère existé que dans l'imagination de ceux qui s'en indignaient. Dès que les indigènes sont en cause, certains esprits, et j'en connais d'excellents, apportent un si singulier parti !

Quant à moi, j'ai visité déjà bien des régions de l'Algérie. Partout, j'ai vu les indigènes s'incliner devant les administrateurs comme devant des chefs qu'on respecte : je ne les ai vus, nulle part, se courber devant eux comme devant des tyrans qu'on redoute. Sans doute, il se peut qu'on ait mis parfois, à la tête des communes mixtes, des chefs qui ne présentaient pas toutes les garanties désirables. Lorsque la brusque extension du territoire civil a nécessité un élargissement immédiat des cadres des administrateurs, l'autorité supérieure a dû se préoccuper avant tout de pourvoir tous les postes. Le choix des administrateurs de la première heure, ainsi qu'on les a appelés depuis, s'est peut-être ressenti de la pénurie des candidats. Mais aujourd'hui, la situation s'est singulièrement modifiée. Le nombre toujours croissant des candidats a rendu possible une rigoureuse sélection. Aussi, on doit le dire bien haut, le corps des administrateurs est actuellement, dans son ensemble, un corps d'élite, composé de fonctionnaires pénétrés de leurs devoirs, et absolument dignes à tous égards de la mission si délicate et si complexe qui leur est confiée. Moins que jamais, on devrait donc craindre de leur maintenir des pouvoirs, dont l'exercice ne peut prêter à d'inévitables abus qu'autant qu'on les suppose remis entre des mains incapables ou indignes.

Au reste, quand on parle de l'arbitraire absolu qui présiderait aux condamnations prononcées par les administrateurs, on oublie trop volontiers que c'est là un reproche dont les faits seuls peuvent aujourd'hui préciser la portée, puisque la loi qui le mérite existe et fonctionne depuis plus de quinze ans. En face des résultats pratiques de la loi, c'est bien le moins que l'imagination de ses adversaires perde ses droits. Or, ces résultats sont tels qu'ils autorisent vraiment à considérer les critiques dirigées contre l'arbitraire et le despotisme des administrateurs, comme autant de déclamations sans consistance et sans portée.

Chaque année, sur des documents que lui transmet le gouvernement général, le ministre de l'Intérieur adresse au Président de la République un rapport sur le fonctionnement de la loi relative aux pouvoirs disciplinaires. Très détaillé, ce rapport mentionne, pour chaque département algérien, le nombre, le montant et les motifs des condamnations prononcées. Ses indications permettent de se rendre un compte exact du fonctionnement de la loi dans toutes les communes mixtes. Il en résulte que la manière dont chaque administrateur exerce ses pouvoirs disciplinaires, trouve un contrôle naturel dans la manière dont ses collègues les ont eux-mêmes exercés. Le total des condamnations prononcées dans une commune dépasse-t-il sensiblement la moyenne des condamnations prononcées dans les autres, l'administration supérieure ne manque jamais de provoquer les explications des fonctionnaires intéressés, et, si la trop grande sévérité de ceux-ci paraît la seule cause de la différence, on ne manque jamais de les inviter à plus de modération. Voilà déjà une première garantie. Elle est quelque peu générale sans doute. Elle n'en existe pas moins, et suffit à restreindre, dans une assez large mesure, un arbitraire qu'on prétend absolu.

Cette garantie n'est pas la seule.

Depuis la loi du 25 juin 1890, les condamnations disciplinaires prononcées par les administrateurs ne sont plus souveraines. L'article 3 de cette loi permet, en effet, aux indigènes de frapper d'appel, devant le préfet ou le sous-préfet, toute condamnation dépassant cinq francs d'amende ou vingt-quatre heures de prison. C'était là une innovation précieuse au moins pour permettre à l'administration supérieure d'exercer un contrôle immédiat et vraiment effectif sur l'exercice des pouvoirs disciplinaires. Ce contrôle, l'administration supérieure l'exerce depuis plus de six ans. Pour les six premières années au moins, les résultats en sont connus.

Je les emprunte aux indications des rapports annuels dont je parlais tout à l'heure.

Du 30 juin 1890 au 1er juillet 1891, sur 18.630 condamnations prononcées, 166 seulement ont été frappées d'appel : 148 ont été confirmées, 12 ont été réduites, 6 seulement ont été infirmées. Dans la période suivante du 1er juillet 1891 au 30 juin 1892, 16.992 condamnations ont été prononcées ; sur 88 frappées d'appel, 81 ont été confirmées, 3 ont été réduites, 4 ont été infirmées. Du 1er juillet 1892 au 30 juin 1893, pour 18.723 condamnations, il n'y a plus que 66 appels ; tandis que 57 condamnations sont confirmées, 8 sont réduites, une seule est infirmée. Du 1er juillet 1893 au 30 juin 1894, le chiffre des condamnations s'élève à 24.030, mais celui des appels descend à 23, dont 3 seulement aboutissent, 2 à une réduction, un seul à une infirmation de la condamnation. Du 1er juillet 1894 au 30 juin 1895, il y a, pour 23.494 condamnations, 49 appels ; 43 donnent lieu à une confirmation pure et simple, 5 à une réduction, un seul à une infirmation de la condamnation. Enfin, dans la dernière période, du 1er juillet 1895 au 30 juin 1896, on ne compte plus que 14 appels, dont aucun n'a abouti soit à une infirmation, soit même à une réduction de la condamnation.

Ces chiffres sont significatifs.

Sur plus de 120.000 condamnations, 406 seulement sont frappées d'appel. Pour qui connaît l'esprit processif des indigènes, ce nombre infime des appels ne se peut guère expliquer que par l'évidente justice des répressions.

D'ailleurs, si la proportion des appels est infime, celle

des infirmations est moindre encore. Sur 406 appels qui ont amené l'administration supérieure à reviser les condamnations prononcées par les administrateurs, 13 seulement ont abouti à une infirmation.

Ainsi, en se référant au nombre des appels, la proportion des condamnations que l'administration supérieure a considérées comme insuffisamment justifiées, est vraiment infime ; elle dépasse à peine trois pour cent. Elle devient infinitésimale, si on se reporte au nombre des condamnations prononcées. En présence de ces données des statistiques officielles, que deviennent les reproches dirigés contre l'arbitraire et le despotisme des administrateurs ?

Nous n'hésitons pas à croire que, devant les Chambres comme devant l'opinion publique, l'évidence des faits aura raison de critiques auxquelles l'ignorance des milieux algériens peut seule prêter une consistance (1).

(1) Nos prévisions se sont réalisées. Prorogés tout d'abord pour un délai de 6 mois seulement par une loi du 14 juin 1897, les pouvoirs disciplinaires des administrateurs ont reçu une nouvelle prorogation de sept années, en vertu de la loi du 21 décembre 1897. Cette loi se borne à reproduire, à peu près textuellement, les dispositions de la loi du 25 juin 1890. Une seule innovation, d'ailleurs fort louable, est réalisée par la loi nouvelle. L'article 2 de celle-ci permet en effet de remplacer par des prestations en nature les peines d'emprisonnement et d'amende qui auront été encourues. Cette transformation est opérée par l'administrateur soit d'office, soit sur la demande du contrevenant. Quant aux prestations, elles doivent consister, d'après la loi, en travaux d'entretien ou d'amélioration de voies de communication, fontaines ou puits d'usage public. La transformation est opérée sur des bases que fixe la loi elle-même.

L'œuvre des hôpitaux indigènes

en Algérie

« Attachez-vous à faire aimer la France par les indigènes et à reconquérir l'indépendance de l'administration. » Tel était le programme que le regretté président Carnot traçait à M. Jules Cambon, au moment où celui-ci allait prendre possession de son nouveau poste de gouverneur général de l'Algérie. En décembre 1895, M. Cambon avait l'occasion de le rappeler à la tribune de la Chambre des députés, et c'était pour constater, aux applaudissements de la Chambre entière, que, s'il avait à peu près échoué dans la seconde partie de sa tâche, il espérait, au contraire, avoir été plus heureux dans la première.

Assurément, si, dans l'espoir qu'il exprimait ainsi, M. Cambon ne s'est point leurré d'une décevante illusion, son nom est marqué d'avance, pour une place d'honneur, sur le livre d'or de l'Algérie. Faire aimer la France des indigènes, il semble qu'il y ait là une tâche susceptible d'user les efforts de bien des générations de gouverneurs. Qu'elle soit propre à séduire notre génie national, fait avant tout de générosité et d'enthousiasme, on ne saurait le nier. Mais n'est-elle point purement chimérique ? Peut-on sérieusement croire à la possibilité d'instaurer chez les indigènes le culte de la patrie nouvelle que le sort des armes leur a donnée ?

Trop d'inconnu se cache encore, à nos yeux, dans l'espèce de léthargie sociale où paraissent plongées les populations musulmanes de l'Algérie, pour qu'il ne soit pas prématuré peut-être de hasarder, à ce point de vue, une conclusion définitive. Ce qui paraît bien certain c'est que, si ce résultat peut être obtenu, il ne saurait l'être que le jour où la supériorité de notre civilisation s'affirmera comme un bienfait aux yeux des indigènes. N'est-ce pas dire qu'il faut, avant tout, nous attacher à améliorer leur condition sociale, à leur donner des témoignagnes non équivoques de la sollicitude qu'ils nous inspirent, à attester, en définitive, ce que notre domination leur offre d'avantageux ? Si nous ne pouvons ainsi nous ouvrir les milieux indigènes, c'est qu'ils nous doivent toujours rester fermés, c'est qu'entre nous et eux la religion et la race élèvent une infranchissable barrière. Dans tous les cas, le but est tel qu'il autorise et légitime les plus grands efforts. En admettant que ceux-ci doivent être inutiles, il restera toujours honorable de les avoir tentés.

Ces idées sont manifestement celles qui, aujourd'hui, inspirent et règlent la politique de la haute administration algérienne à l'égard des indigènes. Dans ces dernières années, en effet, elle a multiplié les preuves de l'évidente préoccupation qu'elle apporte à défendre les intérêts des indigènes, à assurer la satisfaction de leurs différents besoins. Je ne veux point énumérer les institutions diverses dont, depuis peu, les indigènes ont été dotés. Je m'en tiens à celle qui, par ses résultats immédiats, paraît la plus propre à mettre en évidence la sollicitude dont la France est animée envers ses sujets algériens. Je veux parler de la création des hôpitaux indigènes.

L'idée n'en est pas nouvelle.

Déjà, au cours du voyage qu'il fit en Algérie en 1865, Napoléon III avait exprimé la volonté de consacrer une somme importante à la construction d'hôpitaux où les indigènes malades seraient recueillis et soignés. Mais c'est bien plus tard, en 1874 seulement, que cette volonté devait recevoir un commencement d'exécution. A cette époque, Mgr Lavigerie poursuivait, dans la vallée du Chélif, la création d'un certain nombre de villages, dans lesquels il installait les orphelins recueillis par lui lors de la terrible famine de 1867. En même temps, le général Wolf, qui commandait alors la division d'Alger, se préoccupait de reprendre et de poursuivre les projets de Napoléon III. Il en fit part au généreux prélat, et demanda sa collaboration. Dès l'instant qu'il s'agissait d'une œuvre où la charité et la France devaient trouver leur compte, celui-ci ne pouvait la laisser longtemps à l'état de simple projet, et peu après, sur les territoires acquis par lui aux Attafs, près d'Orléansville, s'élevait un hôpital spécialement destiné aux indigènes. Cet hôpital, placé sous le vocable de saint Cyprien, est celui-là même qui devait plus tard servir de modèle aux hôpitaux que l'administration algérienne vient de créer ou qu'elle se propose de construire dans diverses régions de l'Algérie. Mais, près de vingt ans devaient s'écouler avant que l'œuvre dont Mgr Lavigerie avait pris l'initiative, fût ainsi reprise et continuée. C'est seulement en 1894 qu'un nouvel hôpital indigène était inauguré à Ouarzen, en Kabylie, dans la tribu des Beni Menguellat. Peu après, en 1895, un second était créé à Aris, dans la vallée de l'Oued el Abiod, au cœur même de l'Aurès. Dans les derniers mois de la même année, on en installait un troisième à Biskra, dans les locaux autrefois occupés par les frères armés du Sahara. Actuellement, un autre est en construction à Ghardaïa dans le Mzab. Dans l'extrême sud de la province de Constantine, à Aïn Madhi, Si Ahmed Tedjini, le cheikh dela puissante confrérie des Tidjaniya, a offert les terrains nécessaires à la construction d'un établissement hospitalier analogue aux précédents. D'autres sont projetés, l'un dans le Dahra, à Mazouna, sur l'emplacement même de la capitale d'un antique royaume berbère, l'autre, dans le sud Oranais, à Djenien bou Rezg, à l'extrémité orientale du cercle d'Aïn Sefra, sur la route de l'oasis de Figuig. Enfin, lors de son dernier voyage dans le sud Oranais, M. Cambon a reconnu l'utilité d'un hôpital à à El Abiod Sidi Cheikh. Placé dans un centre fréquenté par une foule de nomades, à côté de la Zaouïa célèbre que la puissante famille des Ouled Sidi Cheikh entretient dans sa capitale, il y attesterait avec éloquence que la sollicitude de la France s'étend à tous ses sujets algériens. De tous les hôpitaux projetés, c'est ce dernier sans doute qui sera le plus rapidement achevé. Déjà, me dit-on, un projet de construction aurait été soumis à l'approbation du gouverneur général. Quoi qu'il en soit du reste, l'œuvre des hôpitaux indigènes ne s'affirme plus par une simple tentative isolée. Elle existe et fonctionne dès maintenant dans des conditions telles qu'elle peut autoriser les plus grandes espérances.

L'extension rapide qu'elle a prise dans ces dernières années, permet même de se demander quels obtacles ont pu, pendant longtemps, en paralyser l'essor. En dehors du légitime désir de nous concilier les indigènes, l'humanité même nous faisait, semble-t-il, un devoir de les doter d'établissements hospitaliers appropriés à leurs besoins. Le devoir pouvait paraître d'autant plus strict qu'en Algérie les ressources de l'assistance hospitalière sont, pour la plus large part, alimentées par les indigènes. Ce sont, en effet, des centimes additionnels aux divers impôts arabes, qui, pendant longtemps, ont spécialement subvenu aux dépenses des hôpitaux algériens. Aujourd'hui, il est vrai, ces centimes ne figurent plus au compte d'un budget spécial. Ils sont versés au budget de l'Etat. La charge n'en subsiste pas moins, et elle n'est pas mince. Elle se chiffre par près de 3 millions, payés annuellement par les indigènes. Ajoutez à cela les revenus de toutes les fondations charitables, qui, lors de la conquête, ont été absorbées dans le patrimoine de l'État. J'ignore si le dénombrement en a jamais été dressé d'une façon complète. Mais, sans grande chance d'erreur, on peut affirmer que, comme dans tout pays musulman, elles devaient être nombreuses en Algérie.

Dans ces conditions, il faut bien avouer que ce n'est pas seulement par des considérations politiques et des raisons d'humanité, mais par des motifs de stricte justice que se recommande l'œuvre des hôpitaux indigènes.

Sans doute, il serait excessif de prétendre que, jusque dans ces dernières années, les indigènes aient été systématiquement tenus à l'écart des bienfaits de l'assistance hospitalière. Les hôpitaux algériens leur ont toujours été ouverts dans les mêmes conditions qu'aux Français et aux étrangers européens. Mais, outre que ces hôpitaux n'existent guère que dans des centres où la population européenne suffit à les peupler, leur organisation même en éloigne les indigènes. Bien des choses y choquent leurs habitudes, y blessent même leurs croyances. L'entrée à l'hôpital c'est l'obligation de prendre part à la nourriture commune, de se soumettre à des règlements faits pour tous. Or, est-il besoin de le dire, pas plus dans le détail de l'ordinaire que dans les prescriptions des règlements, on ne s'est soucié des exigences de la loi musulmane. D'autre part, les indigènes ne peuvent ignorer que, dans les hôpitaux des Roumis, on coupe parfois des bras et des jambes. Souvent, sur les marchés ou dans les cafés maures, on a dû raconter avec indignation que des croyants, décédés à l'hôpital, avaient été, après leur mort, dépecés sur des dalles de pierre. Quelle perspective pour des hommes qui absorbent si facilement leur vie présente dans la contemplation des joies promises par le paradis de Mahomet ! N'apporter qu'un corps mutilé ou des lambeaux sanglants aux baisers des houris ! Le désir de soulager ou de guérir des souffrances passagères ne saurait prévaloir contre ce risque redoutable. Dans ces conditions, comment veut-on que les indigènes profitent de l'entrée qu'on leur ouvre dans nos hôpitaux ? Loin de s'y presser en foule, ils semblent bien plutôt les fuir. Ils n'y entrent guère que quand on les y porte. A ce point de vue, les statistiques dressées par les soins de l'administration sont singulièrement instructives. En 1890, par exemple, 50.282 malades ont été hospitalisés en Algérie. Dans ce nombre figurent seulement 6.477 indigènes musulmans. C'est une proportion d'un peu plus de 12 pour cent. Elle se retrouve à peu près la même dans les statistiques plus récentes. N'est-elle point par trop minime, quand on songe qu'il y a, en Algérie, plus de 4 millions d'indigènes, alors que la population européenne y compte moins de 500.000 âmes ?

Cette répugnance des indigènes à entrer dans nos hôpitaux s'accuse si nettement qu'elle a donné faveur à cette idée que, même appropriée à leurs habitudes sociales et religieuses, l'hospitalisation ne saurait leur convenir. Croire qu'ils l'accepteront jamais, c'est, dit-on, oublier leur fatalisme. Envoyée par Dieu, la maladie doit être acceptée avec résignation. S'efforcer de la guérir, c'est s'insurger contre les arrêts d'en haut. C'est à Dieu seul qu'il appartient de retirer le mal qu'il a envoyé. Evidemment ce fatalisme n'est point fait pour déplaire dans certains milieux algériens, où l'on pense volontiers que l'administration se détourne de sa mission quand elle se préoccupe des intérêts et des besoins des indigènes. Faut-il dès lors s'étonner qu'on l'y ait accrédité, qu'on l'y invoque encore ?

Il n'est rien moins qu'orthodoxe.

Loin de détourner le croyant des soins à apporter aux maladies dont il est frappé, la vraie doctrine musulmane lui fait un devoir de les rechercher Une petite brochure, publiée il y a quelque temps par les soins du gouvernement général, a réuni un certain nombre de *hadiths* (1), qui suffisent à faire justice du prétendu fatalisme trop gratuitement prêté aux musulmans algériens.

Je cite quelques-uns de ces hadiths.

Ce sont, par exemple, ces paroles recueillies de la bouche même du prophète par Abou Horeira, un de ses compagnons : « *Dieu n'a créé aucune maladie pour laquelle il n'ait également créé un remède.* » « *Toute maladie a un remède*, aurait dit le prophète à Djabir, un autre de ses compagnons. *Quand on emploie le médicament approprié à une maladie, le malade guérit par la volonté de Dieu.* » Or, il y a là deux hadiths relatés, le premier dans le recueil de l'iman El'Bokhari, le second dans le recueil de l'iman Moslim, les deux recueils de hadiths reconnus authentiques. N'est-il pas non moins caractéristique cet autre hadith que rapporte l'iman Ahmed, le fondateur de l'école hambalite, l'une des quatre écoles orthodoxes du culte musulman ? « *Les Arabes demandèrent au prophète : Envoyé de Dieu, ne devons-nous pas nous soigner en cas de maladie ? — Certainement, répondit-il, soignez-vous, serviteurs de Dieu, car Dieu a assigné un remède à toutes les maladies, à l'exception d'une. — Quelle est, dirent-ils, cette maladie sans remède ? — La vieillesse, dit le Prophète.* »

(1) Ce sont les préceptes et les paroles du prophète qui, sans avoir trouvé place dans le Koran, ont été recueillis et conservés par la tradition.

En voici un dernier emprunté encore au recueil de l'iman El Bokhari. Un homme vient trouver le prophète et lui dit : « *Mon frère souffre du ventre. — Fais-lui boire du miel, répondit le Prophète. — L'homme revint une seconde fois. — Donne-lui du miel, dit encore le Prophète. — Il revint une troisième fois. — Même réponse. — Il revint encore et dit : Je lui ai donné du miel et il n'est pas guéri. — Le ventre de ton frère ne saurait démentir la parole de Dieu. Donne-lui du miel. — Il le fit et le malade revint à la santé.* »

Faut-il enfin citer cette tradition empruntée à la vie du prophète Moïse ? Le prophète était tombé malade. Les Beni Israël vinrent le voir à son domicile. Ils reconnurent la maladie dont il était atteint, et lui dirent : « Si tu prenais tel remède, tu guérirais. — Je ne me soignerai pas, répondit-il : j'attendrai que Dieu me guérisse sans prendre aucun remède. » — Sa maladie se prolongeant, on lui dit : « Le traitement de cette maladie est connu ; l'expérience en a été faite ; nous l'employons et il nous réussit. — Je ne me soignerai pas, répéta Moïse. » La maladie persista. Dieu alors lui fit entendre ces paroles : « J'en jure par ma gloire et par ma majesté, je ne te guérirai pas avant que tu n'aies suivi le traitement que l'on t'a indiqué. » Moïse demanda à être soigné d'après les indications qui lui avaient été données, et il se rétablit. Alors le doute envahit son esprit. Mais Dieu lui envoya cette seconde révélation. « Tu as voulu mettre ma sagesse en échec avec ta résignation. Qui donc a donné aux simples leurs propriétés utiles, si ce n'est moi » ?

Voilà certes plus de citations qu'il n'en faut pour faire

justice d'un prétendu fatalisme qui serait manifestement contraire à la vraie doctrine musulmane. Ce qui est vrai c'est qu'aux yeux du musulman, le médecin apparaît en quelque sorte comme un intermédiaire par lequel Dieu envoie le remède au malade. Si tel est son caractère, il semble bien qu'il doive lui-même être un croyant. Tous les jurisconsultes autorisés s'accordent cependant à admettre qu'à défaut d'un médecin musulman de compétence reconnue, le croyant malade peut s'adresser à un infidèle. Le prophète lui-même en aurait donné l'exemple en consultant un médecin, El Arib ben Kelda qui n'était point musulman. Et l'exemple n'est pas unique. El Kharchi, dans son commentaire de Sidi Khelil, rapporte comment un iman célèbre dans le monde musulman, El Mazari, fut amené à étudier la médecine. Étant malade, El Mazari se fit soigner par un juif. Celui-ci lui fit remarquer que, d'après sa religion, il accomplirait un acte méritoire en le tuant. Ce fut, dit El Kharchi, ce qui amena El Mazari à étudier la médecine.

Dire que le croyant malade peut s'adresser à un médecin non musulman, c'est, par cela même, reconnaître que celui-ci peut valablement le dispenser de toutes les pratiques religieuses contraires à la maladie, des ablutions aussi bien que du jeune. Le plus célèbre des commentateurs du Koran, Sidi Khelil, ne fait aucune difficulté à le reconnaître.

Au reste, l'empressement avec lequel les indigènes ont toujours recherché les avis et les soins de nos médecins, est non moins incontestable que leur répugnance à accepter l'hospitalisation dans nos hôpitaux. Bien des fois, j'en ai été moi-même le témoin. C'est ainsi qu'au cours d'une excursion en Kabylie que je faisais avec un médecin militaire appartenant à la garnison de Fort National, nous fûmes maintes fois entourés par des indigènes qui, reconnaissant mon compagnon, demandaient à le consulter. Ce n'était pas seulement pour eux-mêmes, mais pour leurs femmes et leurs enfants qu'ils sollicitaient ses avis, sans jamais hésiter à lui montrer les malades, pour peu qu'il en exprimât le désir. La gravité anxieuse avec laquelle ils attendaient ses réponses, disait assez haut leur confiance.

Plus récemment, dans l'Aurès, j'ai constaté le même empressement, alors que je visitais la vallée de l'Oued el Abiod en compagnie du médecin de colonisation attaché à l'hôpital d'Aris. A peine arrivions-nous dans un village que mon compagnon ne savait vraiment à qui répondre. L'un le consultait pour une plaie, un autre pour des douleurs, celui-ci montrait son ventre balonné et distendu, celui-là ses yeux gonflés. Chacun se soumettait docilement à l'examen nécessairement rapide que lui consacrait le médecin, et c'était toujours avec une religieuse attention, que les moindres prescriptions de celui-ci étaient recueillies et enregistrées.

Une constatation identique a été faite par une Française, Mme Dorothée Chellier, au cours d'une mission dont l'avait chargée le gouvernement général dans les montagnes de l'Aurès : « Ce qui m'a frappé surtout au cours de ma mission, c'est, dit-elle, l'empressement des malades à solliciter mes soins, la confiance complète dans le traitement institué, l'influence rapide que j'aurais pu acquérir sur leur esprit. » Certains traits qu'elle a pu noter sont, à ce point de vue, vraiment caractéristiques.

Ce sont, par exemple, deux femmes, qui, un matin, insistent pour la voir. Elle demande la raison de leur insistance. « On nous a dit, lui répond l'une d'elles, que tu avais regardé des femmes qui souffraient, elles n'ont plus souffert dans la suite. »

Un autre fait du même genre m'était, il y a quelques jours, cité par un officier qui a longtemps appartenu à l'administration des bureaux arabes. Dans un de ses postes, cet officier s'était rencontré avec un médecin militaire, qui s'était spécialement attaché au traitement des maux d'yeux, si fréquents chez les indigènes. Oculiste distingué, celui-ci avait notamment opéré avec succès un certain nombre de taies et de cataractes. Il exerçait depuis moins de deux mois que, de toutes les régions de l'Algérie, lui arrivaient des malades, avides de consulter le célèbre *toubib roumi*. On les eût fort surpris sans doute, en leur disant qu'il n'y avait rien de surnaturel dans les guérisons qu'il opérait.

Faut-il d'ailleurs s'étonner du crédit dont nos médecins jouissent auprès des indigènes ? La médecine de leurs guérisseurs habituels est si grossière et si primitive. Exercée le plus souvent par des marabouts, elle n'est guère aux mains de ceux-ci qu'un prétexte de plus pour exploiter la crédulité et l'ignorance de leurs congénères. La préparation de quelques simples, dans les cas graves, un verset du Coran écrit par un taleb sur un carré de papier, dont ont frictionne le malade, ou qu'on suspend à son cou, c'est à peu près à cela que se borne l'intervention des dévôts guérisseurs. Ils y joignent parfois des pratiques que ne renieraient point les sorciers nègres du centre de l'Afrique. Je n'en citerai qu'un exemple. Il est caractéristique.

Il y a quelques mois, un chirurgien d'Alger était mandé en toute hâte auprès d'un marabout célèbre dans toute la petite Kabylie. Bien qu'il fût réputé pour ses connaissances médicales, non moins que pour sa sainteté, le dévot personnage n'hésitait point, pour son compte personnel, à préférer aux secrets de sa thérapeutique l'intervention d'un praticien français. A raison de la difficulté des communications, c'est seulement le surlendemain du jour où il avait été appelé que le médecin se présentait à la demeure de son malade. Il le trouva en face d'un miroir, gravement occupé à se faire d'épouvantables grimaces, dont il s'attachait de son mieux à augmenter la hideur. Atteint d'une affection aiguë de la rétine, le malade n'avait pas eu la patience d'attendre l'arrivée du médecin. Le marabout d'un village voisin était venu lui prodiguer ses avis et ses soins. Après avoir doctement examiné le patient, il avait cru pouvoir attribuer le mal de celui-ci à la présence dans son crâne d'un esprit malin, cause de toutes ses souffrances. Pour obtenir la guérison, il fallait nécessairement chasser le diable du domicile qu'il s'était choisi. Dans ce but, le mieux était de l'effrayer. De là, les contorsions et les grimaces auxquelles ne cessait de se livrer le malade. A ce jeu-là, il avait déjà perdu un œil. Il n'aurait pas manqué de perdre l'autre sans l'efficace intervention du médecin français.

La médecine des marabouts trouve un digne pendant dans les pratique barbares des matrones chargées de présider aux accouchements des femmes indigènes. Ce n'est pas sans stupeur qu'on en lit le détail dans le compte rendu que fait Mme Chellier d'une mission dont le gouverneur général l'avait chargée dans l'Aurès. Je n'y insiste point. Il y aurait de quoi épouvanter la plus ignorante de nos sages-femmes.

En présence de ces faits, il est bien permis d'affirmer que, si quelque chose tient les indigènes éloignés de nos hôpitaux, ce n'est point qu'ils y soient privés des soins de leurs guérisseurs habituels. Le renom dont nos médecins jouissent chez eux, le respect dont ils les entourent, disent assez haut qu'ils ont reconnu la supériorité de leur science et l'efficacité de leur thérapeutique. Partout c'est à eux qu'ils s'adressent de préférence quand le choix leur est possible. Il semble donc qu'ils devraient s'empresser d'entrer dans nos hôpitaux pour s'assurer des soins qu'ils savent éclairés et utiles. Et cependant comme je le disais tout à l'heure, ils n'y entrent guère qu'autant qu'on les y porte.

On devrait en conclure que l'hospitalisation même leur répugne, qu'ils ne sauraient se plier aux règlements qu'elle suppose ? Pour que la conclusion s'imposât, il eût fallu des hôpitaux offrant aux indigènes une hospitalisation qui ne heurte ni leurs habitudes, ni surtout leurs croyances. C'était à Mgr Lavigerie qu'était réservé l'honneur de tenter, à ce point de vue, une expérience décisive. Dans l'hôpital que, dès 1874, il ouvrait aux indigènes à Saint-Cyprien-des-Attafs, l'éminent prélat se préoccupa, avant tout, d'approprier l'hospitalisation aux croyances aussi bien qu'aux habitudes des indigènes. Comme sous sa tente ou dans son gourbi, le malade pouvait coucher sur une simple natte. Pour alimentation, on lui donnait sa nourriture ordinaire : de la galette, du lait, de la viande bouillie. On lui permettait de prier à ses heures, de se livrer, comme bon lui semblait, à toutes les pratiques de son culte. Bien mieux, on le laissait toujours libre de reprendre le chemin de sa tribu, de revenir ensuite, sans aucune de ces formalités qui compliquent l'entrée ou la sortie des malades dans nos hôpitaux. Jamais on ne lui parlait de ces opérations chirurgicales qui font horreur aux musulmans. S'il venait à mourir, il était assuré d'une inhumation conforme à toutes les prescriptions de son culte. Rien, en somme, ne lui permettait de se croire dans un milieu hostile à ses croyances, ou même étranger à ses habitudes.

Le succès d'une hospitalisation ainsi pratiquée et comprise ne tarda pas à s'affirmer. L'hôpital était ouvert depuis moins d'un an que déjà les indigènes venaient en foule y solliciter leur admission. L'expérience était concluante, et si, pendant près de vingt ans, elle est restée isolée, c'est que d'autres soins absorbaient les préoccupations de la haute administration algérienne.

Quand, pour répondre au programme que lui avait donné le président Carnot, M. Cambon se préoccupa de doter les indigènes d'un régime hospitalier approprié à leurs besoins, il fut nécessairement amené à rechercher ce qui avait été déjà fait en ce sens. Une visite à l'hôpital de Saint-Cyprien-des-Attafs suffit à lui montrer la voie dans laquelle il devait s'engager pour que les résultats correspondissent aux efforts qu'il se proposait de tenter. De là l'œuvre des hôpitaux indigènes.

J'ai signalé les créations déjà faites, celles qui sont

projetées. Partout, aussi bien dans l'organisation que dans la construction de l'hôpital, on s'est borné à reproduire ce qui avait été fait et si bien fait à Saint-Cyprien-des-Attafs. La direction médicale appartient à un médecin de colonisation désigné par le gouverneur général. Le service intérieur est confié à des religieuses, des sœurs blanches, car c'est ainsi que tout le monde les désigne en Algérie. Comme les Pères et les Frères blancs, elles doivent leur nom aux amples vêtements de laine blanche que le cardinal Lavigerie adopta pour tous les ordres religieux fondés par lui en Afrique.

En ce qui concerne la construction de l'hôpital, on s'en est tenu à un plan uniforme. Au milieu, un pavillon central, élevé de deux étages, est occupé par la pharmacie et le logement des religieuses. A droite et à gauche, deux ailes ne comportant qu'un vaste rez-de-chaussée. Dans l'une, la salle des hommes, dans l'autre celle des femmes. Sur toute la façade, un portique prolonge sa colonnade, donnant à l'édifice un caractère monumental que semblerait exclure la simplicité de sa construction. Tout cela éclatant de cette blancheur que la chaux revêt dans les pays d'éblouissant soleil.

C'est en Kabylie, à Ouarzen, dans la tribu des Beni Menguellat, qu'a été construit le premier hôpital destiné à reprendre l'œuvre commencée à Saint-Cyprien-des-Attafs. Placé non loin de Michelet, sur une des croupes les plus élevées du Djurdjura, il domine une bonne partie de la grande Kabylie. On l'aperçoit presque d'aussi loin que la blanche pyramide d'Ichriden, qui s'élève en face de lui sur une cime voisine. Vu de la route aérienne, qui, accrochée à la crête d'une arête rocheuse, conduit de Fort-National à Michelet, il se présente avec un aspect vraiment imposant et grandiose. Assurément, il était difficile de mieux choisir son emplacement pour attester, d'une façon plus visible, la charité de la France, et en faire le digne pendant du monument qui, sur le plus haut piton d'Ichriden, affirme le courage de nos soldats.

Aménagé en moins d'un an, l'hôpital était terminé le 15 avril 1894. Son inauguration a fait l'objet d'une cérémonie solennelle, qui, sous la présidence du gouverneur général, a réuni d'une façon touchante les Français et les indigènes. Placé sous le vocable de sainte Eugénie, en mémoire de Mme Cambon qui, en cette circonstance, avait tenu à accompagner le gouverneur général, il était, le jour même de son inauguration, béni par l'archevêque d'Alger, Mgr Dusserre, un survivant des premières campagnes de Kabylie Dans un discours tout vibrant de patriotisme, le vénérable pasteur a pu faire un rapprochement émouvant entre son rôle actuel et celui qu'il avait joué jadis dans ces mêmes montagnes, alors que, sous l'uniforme de zouave, il montait à l'assaut d'Ichriden.

A peine l'hôpital était-il ouvert que les malades y affluaient. Depuis, ils n'ont cessé de s'y présenter en foule, et les 150 lits dont dispose l'hôpital ont toujours été insuffisants. Confirmant l'expérience de Saint-Cyprien-des-Attafs, son succès démontre avec évidence qu'il suffisait d'approprier l'hospitalisation aux habitudes et aux besoins des indigènes pour leur en faire apprécier les bienfaits. Au mois d'août de l'année suivante, l'hôpital d'Aris était installé au cœur même de l'Aurès, dans la vallée de l'Oued-el-Abiod. Sa réussite est non moins éclatante. Il est d'autant plus important de le constater qu'il a été fondé dans un milieu où ne se retrouvaient nullement les mêmes conditions de succès qu'à Ouarzen. Sans doute, on ne peut nier les analogies que les hautes vallées de l'Aurès présentent avec le massif central de la Grande Kabylie. Il s'agit là d'une région non moins montagneuse que la Grande Kabylie ; son pic le plus élevé, le Chélia, dépasse même de plus de deux cents mètres le point culminant du Djurdjura : c'est le plus haut sommet de l'Algérie. En outre, la population qui l'habite appartient, comme celle de la Grande Kabylie, à la grande famille berbère, et sa langue, le Chaouïa, n'est qu'un des dialectes de la langue mère à laquelle se rattache aussi le Kabyle.

Mais là s'arrêtent les ressemblances.

Tandis que, dans le massif central de la Grande Kabylie, se presse une population trop dense pour les ressources du sol qu'elle cultive, il est loin d'en être de même dans les vallées de l'Aurès. Vierges encore de toute colonisation européenne, elles sont restées entièrement aux mains des indigènes, et les produits de leurs terres, de leurs jardins et de leurs pâturages pourraient incontestablement pourvoir aux besoins d'une population bien supérieure à celle qui s'y groupe actuellement. De là, au point de vue de la réussite d'un établissement hospitalier, une différence essentielle qu'il importe de relever.

En Kabylie, nombreux sont les miséreux dont la faim est pour ainsi dire le mal endémique. Ils y succombent fatalement dès qu'un accident ou la maladie rend impossible ou plus difficile l'incessante lutte que, chaque jour, ils doivent soutenir contre lui. Ils n'auraient point apprécié les bienfaits de l'hospitalisation et les mérites de notre thérapeutique qu'ils devaient nécessairement affluer vers un refuge ouvert contre les affres du dénuement et les tortures de la faim. Aussi ne doit-on pas s'étonner que, dès les premiers jours de son ouverture, l'hôpital d'Ouarzen n'ait pu suffire à tous les malheureux qui venaient y solliciter leur admission.

Dans l'Aurès, au contraire, on ignore la rude misère des montagnes kabyles. Peut-être le numéraire y est-il plus rare. Avec une vie matérielle relativement facile, le montagnard aurésien ne saurait être l'âpre thésauriseur qu'est son congénère kabyle. Mais, dans les vallées de l'Aurès, il n'est pas de maison qui n'ait ses réserves en nature : des grains, du miel, des fruits secs. Que vienne la maladie, elle s'y présente sans doute avec son habituel cortège de souffrances ; elle ne s'y empire point de toutes les privations et de toutes les misères qu'elle déchaîne dans les gourbis kabyles. Dans ces conditions, l'hôpital d'Aris ne pouvait être fréquenté qu'autant que les indigènes y viendraient convaincus des avantages de l'hospitalisation et des bienfaits de notre thérapeutique.

L'expérience est faite, et elle est concluante.

Lorsque j'ai visité l'hôpital, il était ouvert depuis moins d'un an et plus de six cents malades y avaient été hospitalisés. N'est-ce point la preuve manifeste que les indigènes avaient vite reconnu et apprécié l'efficacité des soins qu'on y prodiguait ?

J'ai, d'ailleurs, été moi-même, au cours d'une journée passée à Aris, témoin de deux faits qui attestent l'éloquence avec laquelle les malades hospitalisés doivent vanter les mérites de notre thérapeutique. C'est d'abord, le matin, un jeune indigène que je vois arriver, escortant une vieille femme montée sur un mulet : c'est sa mère qu'il amène à l'hôpital. Il en est lui-même sorti, peu de jours auparavant, après un traitement spécifique qui l'a délivré d'horribles accidents. L'ardente reconnaissance dont ses traits sont empreints, lorsqu'il baise avec effusion les mains des religieuses qui l'ont soigné, la conviction qui l'anime, lorsqu'il demande pour sa mère la guérison qu'il a lui-même obtenue, trahissent manifestement le zèle d'apôtre avec lequel il a dû vanter l'excellence des soins dont il a profité.

Peu après, tandis que, devant l'hôpital, je fais les cent pas en devisant avec le médecin, un homme, jeune encore, se présente à nous, et demande à se faire examiner la gorge. Celle-ci n'est plus qu'une plaie hideuse. « Entre à l'hôpital, lui dit le docteur, et, dans quinze jours, je te renverrai guéri ». Mais le malade hésite ; il préfère se soigner chez lui avec les médicaments qu'on lui donnera. Évidemment, dans son esprit, la répugnance à accepter une hospitalisation dont il s'imagine mal les conditions, l'emporte sur le désir et l'espoir de guérir son mal. « A ton aise », lui dit le médecin qui s'éloigne pour lui préparer une ordonnance. Moins d'un quart d'heure après, le malade revient demander l'hospitalisation tout d'abord refusée. C'est que, entre temps, il a lié conversation avec quelques malades qui, devant l'hôpital, se chauffaient au soleil. Ce qu'ils lui ont dit, on le devine, puisque rien ne subsiste plus de ses répugnances premières. Après cela, comment douter que les indigènes soient aptes à apprécier les bienfaits de notre thérapeutique et de l'hospitalisation qui la leur procure ?

Dès maintenant, le succès de l'œuvre des hôpitaux indigènes n'est plus dans les choses discutables. Mais il faut reconnaître que, pour une large part, le mérite en revient aux auxiliaires d'élite que la haute administration algérienne a trouvés dans les ordres religieux fondés en Algérie par le regretté cardinal Lavigerie. Grâce aux Pères des missions d'Afrique, le gouverneur général a pu fonder ses hôpitaux dans des milieux pour ainsi dire préparés. A Ouarzen notamment, les Pères Blancs avaient organisé, dans leur maison des Beni Menguellat, une sorte de dispensaire, où, depuis nombre d'années, ils initiaient les indigènes aux bienfaits de notre thérapeutique. Il en a été de même à Aris. Installés dans un ancien bordj abandonné par l'administration des bureaux arabes, trois Pères Blancs ont été les précurseurs de l'hôpital, et en ont, à l'avance, assuré le succès. Possédant admirablement la langue des indigènes, connaissant leurs habitudes, leurs préjugés mêmes, revêtus en outre d'un caractère sacré qui leur assure le respect de tous, ils étaient tout désignés pour ouvrir les milieux indigènes à l'action de notre charité. Où ils auraient échoué, nul n'aurait pu réussir. Quand on les a vus à l'œuvre, on ne saurait trop hautement louer l'esprit d'ardente et large charité dont a su les animer leur éminent fondateur. Au sein de populations fanatiques, où toute tentative de prosélytisme se serait heurtée à d'invincibles résistances, ils se sont vite résignés à n'être que les ministres d'une religion, la plus vaste de toutes, la religion de la pitié humaine. Cette religion, ils la pratiquent avec le même zèle d'apôtre qu'ils apporteraient à évangéliser les peuplades nègres du centre de l'Afrique. L'accueil que partout leur font les indigènes, est, à ce point de vue, le plus éloquent des témoignages.

Et les sœurs blanches, auxquelles est dévolu le service intérieur des hôpitaux indigènes, quelles admirables infirmières ! Que vienne le plus intransigeant des laïcisateurs de nos hôpitaux. Je le mets au défi, après les avoir vues à l'œuvre, de songer seulement à discuter la source où s'alimente le dévouement qui les anime. Et comment, du reste, discuter une foi religieuse, sans autre manifestation extérieure que le culte de la souffrance ? C'est la foi des sœurs blanches. Véritables anges de charité, elles semblent, au milieu de leurs malades, étrangères à tout ce qui n'est point leur mission de consolation et de pitié. Et combien cette mission sublime les met au-dessus de tout prosélytisme religieux ! A ce point de vue, je puis citer un fait dont j'ai été moi-même le témoin. L'an dernier, visitant l'hôpital d'Ouarzen, j'aperçus, au chevet d'un malade, une sorte de petite chapelle. Au-dessous de la photographie d'un évêque appartenant à l'ordre des Pères Blancs, Mgr Livinhac, je crois, le malade avait placé une petite statuette de la vierge. Quelques fleurs des champs complétaient la décoration. C'était, j'en suis sûr, bien plus au Père Blanc qu'à la vierge que s'adressait l'hommage. A la rigueur, on pouvait cependant y voir une sorte de manifestation religieuse. Immédiatement, la sœur qui m'accompagne fait appeler le malade. C'est un jeune kabyle d'un village voisin. En jouant avec un pistolet, il a imprudemment pressé la détente et s'est logé une balle dans l'avant-bras. On doit la lui extraire le lendemain. Lorsqu'il se présente devant nous, c'est en coupable que la bonne sœur l'accueille, lui reprochant ce qu'il a fait comme un acte d'idolâtrie blâmable. N'est-ce pas significatif pour indiquer l'esprit dans lequel les sœurs blanches poursuivent et accomplissent leur œuvre de charité ?

Aussi, il faut voir avec quelle reconnaissance et quelle soumission naïves les malades acceptent leurs soins. Evidemment, chez ces natures primitives, le dévouement de ces nobles femmes éveille l'idée d'une supériorité qu'ils subissent plus impérieusement peut-être qu'ils n'ont subi la force de nos armes.

« Oh ! je voudrais épouser une française », disait un jeune malade de l'hôpital d'Aris, après avoir vu une religieuse prodiguer ses soins à un vieillard atteint d'une répugnante infirmité. Que les sentiments ainsi naïvement exprimés par ce jeune chaouïa se répandent quelque peu dans les milieux indigènes, et on ne pourra plus parler de l'infranchissable abîme, qui, en Algérie, séparerait la race conquérante de la race conquise. Quand on a surpris certains regards comme ceux que les malades d'Ouarzen ou d'Aris attachent parfois sur leurs admirables infirmières, on ne peut douter de l'ample moisson de reconnaissance que le dévouement de ces saintes filles prépare à la France. On parle souvent de l'éloquence des yeux. Je ne l'ai jamais mieux subi que lors d'une visite à l'hôpital d'Ouarzen. Une religieuse pansait un malade défiguré par une plaie hideuse. Avec d'infinies précautions, elle lavait la blessure, enlevant les vers qui y fourmillaient déjà. Ah ! l'inoubliable regard que le blessé attachait sur elle. Je doute qu'aucune langue eût pu rendre l'ardente reconnaissance dont il était empreint. A plus d'un an de distance, je n'en puis évoquer le souvenir sans retrouver aussitôt l'irrésistible émotion dont m'étreignit l'intensité du sentiment qu'il exprimait. Il y aurait à citer bien d'autres faits de ce genre. Ne permettent-ils point d'escompter les résultats que peut avoir l'œuvre des hôpitaux indigènes, alors que, développée et grandie, elle étendra son action dans les différentes régions de l'Algérie ?

C'est peut-être à cette œuvre que se reportait M. Jules Cambon, quand, du haut de la tribune de la Chambre des députés, il exprimait l'espoir d'avoir fait aimer la France par ses sujets algériens. Si, de sa part, il y a là une illusion, elle est de celles qui honorent ceux qu'elles égarent. En tout cas, ce n'est pas après avoir vu de près l'œuvre des hôpitaux indigènes, telle qu'elle est conçue, telle qu'elle fonctionne déjà, qu'on peut se refuser à la mettre au premier rang des causes susceptibles d'effectuer la conquête morale des indigènes.

Les sentiments qu'elle éveille chez les populations algériennes sont, d'ailleurs, vraiment significatifs. La construction de l'hôpital d'Aris notamment a été, dans les tribus de l'Aurès, l'occasion d'un mouvement populaire analogue à ceux qui, au moyen âge, vouaient des populations entières à l'édification de ces merveilleuses cathédrales gothiques dont peuvent se glorifier tant de vieilles cités françaises. Adossé à l'un des contreforts du Bou Iriel, le nouvel hôpital domine une étroite vallée, sans autre moyen de communication que d'abrupts sentiers de montagne, à peine des chemins de chèvre. La route la plus rapprochée s'arrête à plus de 30 kilomètres. C'est à dos d'hommes, d'ânes ou de mulets qu'il a fallu transporter à Aris tous les matériaux nécessaires à la construction de l'hôpital. Il suffit d'en examiner les proportions pour se rendre compte des innombrables journées que représente un semblable labeur. Eh bien, tout ce labeur a été le fait gratuit et volontaire des tribus aurésiennes appelées à bénéficier de l'hôpital.

Vraiment quand on compare l'empressement dont les populations indigènes font ainsi preuve pour les hôpitaux qu'on leur ouvre, à la répugnance qu'elles témoignent souvent aux écoles dont on les dote, on en arrive vite à se demander si, juges de leurs véritables besoins, ces populations n'indiquent point nettement la politique qu'il faut suivre à leur égard pour les gagner à la cause française. Certes, je ne suis pas de ceux qui songent à s'effrayer de voir régner sur l'Algérie le vent d'instruction qui lui est venu de la métropole. Mais ce que je sais bien, c'est que jamais, pour remuer les masses profondes de nos sujets algériens, il ne pourra ce que peut un souffle d'ardente charité comme celui qui part des hôpitaux indigènes. Aussi ne saurait-on trop encourager la haute administration algérienne à continuer, à développer son œuvre. Ce n'est pas seulement l'humanité, c'est la France qui y trouvera son compte.

L'assistance médicale

des femmes indigènes

Quand on les connaît seulement par les brillants cavaliers, dont la présence vient parfois rehausser l'éclat des solennités de la métropole, on peut aisément prêter aux populations indigènes de l'Algérie bien des idées qui leur sont totalement étrangères, bien des aspirations dont elles n'ont cure. De là, sans doute, les illusions de certains réformateurs qui se les imaginent, trop volontiers peut-être, avides de libertés publiques et soucieuses de droits politiques. Mais, quand on sait qu'il s'agit là de populations primitives dont actuellement la vie ne se complique guère que de besoins et de misères physiques, on demeure vite convaincu que les seules institutions qu'elles soient dès maintenant capables d'accepter comme d'incontestables bienfaits sont uniquement celles qui attesteront notre sollicitude pour les maux dont elles souffrent. De longtemps encore, quoi qu'on en dise, l'assimilation par les moyens humanitaires restera la seule assimilation capable de nous ouvrir les milieux indigènes, et de les gagner à la cause française.

La création des hôpitaux indigènes a, dans cette voie, marqué un pas immense. Ce n'est pas le seul qui ait été fait, et il me paraît intéressant de signaler une tentative dont les résultats pourraient être de ménager à la France, chez les indigènes, une ample moisson de gratitude et de reconnaissance.

Une première fois, en 1895, M. Cambon avait envoyé, dans les montagnes de l'Aurès, une femme docteur en médecine, Mme Dorothée Chellier, avec mission d'étudier spécialement la pathologie de la femme chaouïa (1). Elle en revint, quelques mois après, avec un rapport attestant les conditions de misère dans lesquelles se trouve la femme indigène au moment de l'accouchement, l'ignorance des matrones qui remplissent auprès d'elle le rôle de sage-femme, et les cas de mort si nombreux qui en sont la conséquence. De fait, non seulement la femme indigène ne reçoit aucun secours lors de la parturition, mais encore les coutumes barbares dont elle est alors victime, augmentent singulièrement ses souffrances et les risques de son état. Son ignorance des règles de l'hygiène la plus élémentaire la laisse, en outre, exposée à toutes les causes de contagion ou de maladie qui l'entourent. Ce serait donc un devoir d'humanité que de lui rendre accessible le secours de soins appropriés. L'accueil que, dans tous les villages, on fit à Mme Chellier, l'empressement avec lequel on vint solli-

(1) On désigne ainsi les populations de race berbère qui habitent le massif montagneux de l'Aurès.

citer ses conseils et ses soins, la reconnaissance et le respect qu'on lui témoigna partout, attestent avec évidence que les efforts qui seraient faits à ce point de vue ne seraient point inutiles, pourvu que cela ne fut point une occasion d'introduire dans le gynécée un homme étranger à la famille. Aussi la dévouée praticienne n'hésitait-elle point à proposer la création d'un corps de sages-femmes qui seraient chargées, non seulement d'assister les parturientes, mais encore d'initier les matrones indigènes à nos pratiques obstétricales.

Un semblable projet rentrait trop manifestement dans le cadre de la politique adoptée par M. Cambon à l'égard des indigènes pour qu'il lui fût vainèment proposé. Dès la fin de 1895, une note était expédiée dans toutes les communes mixtes pour demander quel accueil serait fait à des sages-femmes françaises, envoyées pour assister les mères indigènes. En présence des avis reçus, le gouverneur général n'hésitait pas, l'année suivante, à confier une nouvelle mission à Mme Chellier, et la chargeait notamment de placer quelques sages-femmes françaises près des grandes agglomérations indigènes.

J'ai, sous les yeux, le rapport que Mme Chellier vient d'adresser au gouverneur général pour lui rendre compte de la mission accomplie par elle, du 15 août au 15 novembre 1896, dans les montagnes de la Kabylie et de l'Aurès.

Il serait évidemment téméraire de vouloir, du même coup, porter remède à toutes les misères pathologiques qu'elle signale. Il n'en est pas moins vrai que celles qui atteignent spécialement la femme en couches et l'enfant en bas âge pourraient être singulièrement atténuées par l'emploi et la généralisation des moyens qu'elle propose. Presque toutes, en effet, aussi bien en Kabylie que dans l'Aurès, ont leur source dans l'ignorance et l'incurie des mères et des matrones qui les assistent. N'est-ce pas dire tous les résultats qui pourraient être obtenus par l'intervention d'une sage-femme française, apportant là toutes les ressources d'une pratique éclairée ?

Ce n'est pas d'ailleurs l'humanité seulement qui y trouverait son compte. Quand on connaît la grande influence que les matrones indigènes exercent actuellement dans les villages, il est bien permis d'escompter celle que pourrait y acquérir la sage-femme française, si surtout elle connaissait la langue arabe ou le dialecte de la région à laquelle l'attacheraient ses fonctions. Or, l'influence de la sage-femme française, ce serait celle de la France pénétrant dans le gynécée, c'est-à-dire dans un milieu qui lui est resté jusqu'ici obstinément fermé. Ainsi que le fait très bien ressortir Mme Chellier, les femmes indigènes s'accoutumeraient peu à peu à voir parmi elles une Française leur témoignant de l'intérêt ; elles l'entendraient parler de la France, et elles sauraient ainsi que c'est grâce à cette France que bien des mères auront échappé à la mort, que plus d'une existence d'enfant aura été conservée. Elles lui en seraient reconnaissantes, et lentement nos efforts, aidés du temps, feraient disparaître la haine du vainqueur, en même temps que s'introduirait la civilisation chez ce peuple, aux mœurs rudes et sauvages, qui vit en terre française à quelques heures seulement de la France.

Grâce à l'activité et au dévouement de Mme Chellier,

il n'y a plus là un simple projet, mais une heureuse tentative qui, dès maintenant, s'affirme.

Déjà trois sages-femmes ont été installées.

L'une réside à Sidi-Aïch, dans la commune mixte de la Soummam, la plus peuplée des communes mixtes de la Kabylie. Elle a été installée la première, et, déjà, Mme Chellier peut nous dire que, dans la région, elle jouit de toute la confiance des indigènes. Plusieurs fois, elle a été spontanément mandée dans les tribus, et les femmes viennent chaque jour la consulter. Il paraît même que, dans les familles, on se montre très fier que les accouchées aient été assistées par elle.

Une seconde sage-femme a été placée en résidence à Aris, au centre du massif de l'Aurès.

Une troisième enfin, affectée à la commune mixte d'Aïn-Touta, habite l'oasis d'El Kantara, sur le chemin de fer de Batna à Biskra.

Ce n'est là qu'un commencement.

Trois sages-femmes françaises, ainsi disséminées, ne sauraient évidemment faire autre chose que marquer la voie dans laquelle il y a lieu de s'engager. J'ose espérer qu'elles n'y resteront point isolées. Dès maintenant, Mme Chellier propose d'établir sept nouveaux postes dans le département de Constantine, quatre dans le département d'Alger et deux dans le département d'Oran. L'unanimité avec laquelle les populations indigènes ont accueilli l'idée de voir envoyer, au milieu d'elles, des sages-femmes françaises, est le meilleur garant du succès de l'œuvre entreprise.

Le service des renseignements généraux

de l'Algérie

Dans son remarquable rapport sur le budget de l'Algérie pour l'exercice 1892, le regretté Burdeau s'étonnait que l'Etat parût ne s'être jamais soucié de faire connaître les ressources que notre grande colonie africaine offre à l'activité des travailleurs et aux entreprises des capitalistes. « Quel est celui d'entre nous, disait-il, qui a reçu les notices que le gouvernement général devrait répandre à profusion, et où les avantages et les conditions d'un établissement en Algérie seraient exposés avec précision, avec détails, avec vérité ? On rencontre parfois celles que distribuent le gouvernement du Canada, celui de la Plata, celui même du Chili. Il paraît que le gouvernement de l'Algérie en a publié aussi ; mais il y a mis décidément trop de discrétion, car nous n'avons pu rencontrer un seul de ces documents... Où sont les agences de renseignements, où l'on devrait pouvoir apprendre, en un moment, ce qu'a besoin de savoir le futur colon, pour organiser son départ, et pour faire ses débuts sur la terre algérienne ? Tous ces organes indispensables sont représentés par un crédit de 5.000 fr. au budget de la colonisation. Quand on aura créé ces services, quand on les aura animés d'un zèle suffisant, tout en les préservant des vices de certaines agences d'émigration, et quand on aura persévéré suffisamment dans cette méthode, alors, si les colons continuent à venir avec la même lenteur, on pourra accuser l'esprit casanier des Français. Chaque année, 12.000 à 15.000 Français s'expatrient pour des contrées vingt fois plus lointaines, souvent moins fertiles que l'Algérie ; ceux-là ne sont pas casaniers. Le gouvernement général de l'Algérie ne nous a pas encore démontré qu'il soit impossible d'en détourner quelques-uns au profit de notre colonie ; il l'a à peine essayé. »

C'est précisément en vue de répondre à ces justes critiques que le gouvernement demanda au Parlement de porter à 50.000 fr. le crédit affecté au service des renseignements. Cette demande fut accueillie, et, dès le 31 août 1892, le gouverneur général instituait un service de renseignements généraux et de publicité, dont la mission consistait à faciliter le peuplement de l'Algérie par des éléments de population d'origine française, en signalant au public de la métropole les ressources que l'Algérie offre à l'activité des travailleurs et aux entreprises des capitalistes. C'est dans ce but que le nouveau service fut chargé de préparer ou de centraliser, pour les communiquer aux intéressés, tous les documents et toutes les informations d'ordre administratif, statistique et économique concernant l'Algérie. Grâce à lui, le public peut facilement et rapidement connaître les conditions et les formalités à remplir pour obtenir des terres domaniales, les avantages accordés aux immigrants, les programmes de colonisation, les avis de ventes des immeubles domaniaux, enfin tous les renseignements propres à éclairer les futurs colons sur les centres créés ou à créer, sur les ressources qu'on y peut trouver, et sur la nature de l'exploitation à laquelle se prêtent les régions ouvertes à la colonisation.

Il y avait là déjà une large sphère d'action ouverte au service chargé de semblables attributions. Elle ne correspondait toutefois qu'à une des faces de la question de colonisation du sol algérien. Coloniser un pays, c'est le mettre en valeur. Or, la mise en valeur d'un pays ne demande pas simplement qu'on y amène les capitaux et les bras nécessaires à son exploitation, elle implique aussi que des débouchés soient ouverts à ses produits. Aussi le service des renseignements généraux de l'Algérie n'aurait-il qu'incomplètement contribué au développement et aux progrès de la colonisation algérienne, s'il se fût préoccupé uniquement de l'accroissement des forces productives de l'Algérie, sans se soucier des débouchés que pourraient trouver les produits algériens. De là, tout un ordre d'attributions nouvelles qui devaient nécessairement s'ajouter aux précédentes pour que le nouveau service répondît à toutes les nécessités en vue desquelles il était créé. C'est ainsi qu'il reçut mission de centraliser toutes les informations de nature à intéresser les producteurs algériens, de faire connaître à ceux-ci les débouchés ouverts à leurs produits. C'est ainsi également qu'il fut chargé d'étudier les documents législatifs et autres, publiés dans les colonies étrangères, en vue de l'adoption des mesures ayant trait au développement économique de l'Algérie. Il doit se tenir au courant de ce que font les producteurs étrangers pour étendre leurs débouchés ; il ne doit rien ignorer des questions d'ordre économique, industriel, commercial et agricole traitées dans les Revues françaises et étrangères. C'est lui, enfin, qui a mission d'organiser la section algérienne aux Concours généraux de Paris et aux grandes Expositions nationales ou universelles.

Installé à Paris, d'où il peut fournir rapidement toutes les informations demandées d'un point quelconque de la métropole, et d'où son chef peut facilement se rendre partout où sa présence est nécessaire, le service des renseignements généraux de l'Algérie est, depuis deux ans à peine, doté de son organisation définitive. Par l'énumération sommaire que j'ai faite de ses attributions, il est facile de comprendre toute la portée du rôle qu'il est appelé à jouer dans le vaste champ d'action qui lui est ouvert. Et cependant il semble que l'utilité et l'importance de sa mission soient rien moins que méconnues. Le projet de budget pour l'exercice 1898 est resté muet sur les crédits nécessaires à son fonctionnement. C'est une suppression sans phrase qu'on peut difficilement justifier. Dire qu'il n'a pas donné les résultats sur lesquels on comptait, c'est oublier qu'il est né d'hier et qu'à peine il a pu reconnaître et jalonner son champ d'action. Dire qu'il ne saurait en avoir, c'est méconnaître l'incontestable portée et l'utilité évidente des attributions dont il est doté. Aussi peut-on espérer qu'il n'est point encore condamné sans appel. L'initiative parlementaire a, sur ce point, l'occasion de compléter heureusement le projet du gouvernement. L'Algérie vient de recevoir un nouveau gouverneur qu'accompagne une réputation légitimant bien des espérances. Elle attend beaucoup de son activité et de son énergie. Ce serait un singulier moyen de seconder ses efforts et d'aider à la tâche qui va être la sienne que de lui enlever le concours d'une institution qui, comme le service des renseignements généraux, est si éminemment susceptible de contribuer au développement et aux progrès de la colonisation algérienne (1).

(1) Les crédits nécessaires au fonctionnement du service des renseignements généraux ont effectivement été rétablis.

L'usure

et la loi du 3 avril 1898

Jusqu'en 1898, le taux de l'intérêt conventionnel était resté libre en Algérie, aussi bien en matière civile qu'en matière commerciale. L'ordonnance du 7 décembre 1835, qui formulait sur ce point les règles applicables, décidait que, pour les prêts à intérêts, la convention faisait la loi des parties. Les dispositions de cette ordonnance sont remplacées aujourd'hui par les articles 60 à 63 de la loi portant fixation du budget général des dépenses et des recettes de l'exercice 1898. Promulguée le 3 avril 1898, cette loi a abrogé un décret éphémère, en date du 29 janvier de la même année. Devançant les retards de la loi du budget, ce décret avait déjà gravement porté atteinte au principe de liberté écrit dans l'ordonnance de 1835. Laissant le taux libre en matière commerciale, il l'avait limité à 10 pour 100 en matière civile. En outre, il rendait applicables, en Algérie, les dispositions de la loi du 19 décembre 1850 sur le délit d'usure.

Les députés algériens n'admirent pas que le Gouvernement les privât ainsi de la manifestation électorale qu'ils avaient sans doute escomptée. Ils n'en soutinrent pas moins l'amendement dont ils avaient demandé l'insertion dans la loi du budget. Le Parlement leur a donné raison, et leur proposition a passé dans les articles 60 à 63 de cette loi. Il faut d'ailleurs le reconnaître, la question y est envisagée et traitée d'une façon beaucoup plus radicale et bien plus absolue que dans le décret du 24 janvier. La loi vise les prêts commerciaux aussi bien que les prêts civils. Dans les uns comme dans les autres, le taux de l'intérêt conventionnel ne peut dépasser 8 pour 100. Le taux de l'intérêt légal, que la loi du 27 août 1881 avait fixé à 6 pour 100, en matière civile comme en matière commerciale, est abaissé à 5 pour 100. Enfin, la loi du 19 décembre 1850 sur l'usure est déclarée applicable à l'Algérie.

Voilà donc, de par les dispositions de la loi du 3 avril 1898, l'Algérie dotée d'un régime mixte, à la fois plus restrictif et plus libéral que le régime en vigueur dans la métropole. Il est plus restrictif, puisque la loi du 12 janvier 1886 a proclamé, en France, la liberté du taux de l'intérêt conventionnel en matière commercial. Il est, d'autre part, plus libéral, puisque le taux de l'intérêt conventionnel qui, dans la métropole, ne saurait dépasser 5 pour 100 en matière civile, peut, en Algérie, s'élever à 8 pour 100.

Quoi qu'il en soit, le régime inauguré par la loi du 3 avril 1898 est aussi net que complet. Désormais, on ne pourra plus prêter en Algérie à un taux supérieur à 8 pour 100 sans faire un prêt usuraire. S'il suffisait de punir l'usure pour la bannir et la rendre impossible, le remède serait radical et les effets en seraient infaillibles.

Mais est-il permis de croire à l'efficacité de la réforme réalisée par la loi du 3 avril 1898 ? Ce serait supposer qu'on peut envisager l'application effective de cette loi comme la conséquence nécessaire de sa promulgation. Or, la supposition est rien moins que gratuite, et je suis, pour ma part, bien convaincu que la loi nouvelle est uniquement destinée à augmenter la collection déjà si riche des lois inutiles dont l'Algérie est par trop libéralement dotée. Ce n'est certes point que l'Algérie ignore l'usure. Celle-ci est évidemment une des plaies du pays. Bien des colons lui doivent leur ruine, et si, à l'heure actuelle, on soumettait à une revision sévère les prêts consentis aux propriétaires ruraux, on en trouverait bien peu qui ne tomberaient point sous le coup de la loi nouvelle.

Quant aux indigènes c'est énoncer une vérité banale que de dire qu'ils sont la proie des usuriers. Qu'ils aient recours aux Juifs ou qu'ils s'adressent à leurs propres coreligionnaires, voire même à des chrétiens, les emprunteurs indigènes n'obtiennent jamais qu'à des conditions vraiment exorbitantes les avances qu'ils sollicitent. Un rapport, présenté en 1894 au Conseil de Gouvernement de l'Algérie, fournit, sur ce point, les renseignements les plus explicites et les plus édifiants.

Voici quelques exemples.

Le président de la Chambre de commerce de Constantine constate que le taux moyen des prêts consentis entre les indigènes de la région est de 150 pour 100. D'après le procureur de la République de Bougie, les Kabyles ne connaissent et ne pratiquent le prêt qu'au taux de 30, 40, 50 pour 100 et au delà. L'administrateur de la commune mixte de Souk-Ahras fait connaître que les indigènes de sa commune empruntent ordinairement aux Mozabites et aux Kabyles à des taux qui dépassent 75 pour 100. C'est seulement quand ils ont quelque aisance et offrent des garanties qu'ils trouvent à emprunter à des conditions plus avantageuses, en s'adressant aux Européens ou aux Israélites. Le général commandant la division d'Oran évalue à 200 pour 100 le taux habituel des emprunts consentis entre indigènes dans le cercle de Lalla-Maghnia.

Je ne veux pas multiplier les exemples. Ceux que je viens de citer suffisent à établir que le prêt à très gros intérêts est de pratique constante chez les indigènes. On peut même dire que c'est le seul prêt qu'ils connaissent. Il semble donc que l'application de la loi nouvelle soit de nature à pourvoir les prétoires correctionnels d'une ample clientèle, recrutée aussi bien du reste chez les Musulmans que chez les Juifs et les Chrétiens.

Mais, à vrai dire, ce n'est là, je le crains, qu'une illusion pure et simple, et je serais fort surpris qu'elle résistât longtemps à la toute-puissance des faits. Et, en effet, même en France où, de longue date, l'usure est flétrie et l'usurier méprisé, les textes sont impuissants à empêcher les prêts usuraires, parce que ceux-ci sont presque toujours insaisissables. En Algérie, des habitudes, dès maintenant acquises, rendront la loi fatalement inapplicable. Presque jamais, en effet, alors cependant que le taux de l'intérêt était entièrement libre, on ne rencontrait des actes stipulant des taux usuraires. C'est par une majoration du capital prêté que sont obtenus les taux exorbitants dont je parlais tout à l'heure. Les indigènes y souscrivent d'autant plus volontiers que c'est là un moyen fort simple d'éluder les prescriptions du Koran qui interdisent le prêt à intérêt et qui, du reste, dans les rapports entre indigènes, constituent encore la législation en vigueur partout ailleurs qu'en territoire civil. Semblable en cela à bien d'autres croyances, la foi musulmane ne répugne point à ces artifices de forme, dont s'accommodent si volontiers les dévots de toutes les religions.

Dans ces conditions, quelle chance aura-t-on d'atteindre les usuriers, d'autant que la loi frappe seulement l'habitude de l'usure ? C'est, par suite, une série de prêts usuraires qu'il faut relever à la charge de la même personne avant qu'elle tombe sous le coup de la loi. Or, ces prêts usuraires, comment les établir en présence d'engagements n'ayant trait qu'à un capital et ne faisant jamais mention du taux de l'intérêt ? En réalité, le seul résultat certain de la promulgation, en Algérie, de la loi du 19 décembre 1850, sera d'aggraver encore les conditions déjà si onéreuses que doivent subir les emprunteurs. Les prêteurs ne manqueront pas, en effet, de faire payer le risque que leur fera courir la loi nouvelle.

Evidemment, pour écarter l'application de cette loi, l'emprunteur devra se faire le complice de son prêteur. Mais jamais un débiteur aux abois n'hésite devant les sacrifices qu'on exige de lui. Si cela est nécessaire pour obtenir les avances qui lui sont indispensables, il sera le premier à faciliter à son prêteur tous les moyens possibles de dissimuler le taux usuraire qu'il lui faut subir. En Algérie, la vie agricole n'a point encore la régularité qu'elle a en France. Insuffisamment connu, le sol ne répond pas toujours à ce qu'on attend de lui, et souvent les années se succèdent dans les conditions les plus défavorables. En revanche, une bonne année peut d'un seul coup remonter un agriculteur qui semblait irrémédiablement perdu. Dans ces conditions, qu'importe le taux des avances qui permettront d'atteindre cette année qu'on espère ? Qu'importe également à l'indigène de s'engager à rendre, lors de la récolte, le triple de ce qu'il reçoit au moment des semailles ? Dénué de tout crédit, il ne peut obtenir des avances qu'en offrant à son prêteur des avantages proportionnés aux risques qu'il lui fait courir.

Si la récolte manque, le prêteur se trouve presque toujours en face d'un insolvable qui n'offre aucun gage réalisable. Si, au contraire, l'année est favorable, il en profite tout comme son emprunteur. Celui-ci serait bien avancé si, faute de pouvoir donner à son prêteur des avantages suffisants, il n'avait pu se procurer les semences qui lui permettent d'obtenir une récolte.

Aussi ne faut-il point s'étonner que l'indigène algérien, le musulman aussi bien que le juif, n'ait en aucune façon, pour l'usurier, le mépris que nous lui prodiguons. Je puis, à ce point de vue, citer un trait bien caractéristique. C'était rue Bab-Azoun. Imitant les pompes du culte catholique, un enterrement israélite déroulait sur la chaussée les théories de ses lévites et de ses rabbins. Une foule recueillie suivait le corps. Curieux de savoir qui on conduisait ainsi à sa dernière demeure, je m'approche et j'interroge. « C'est un tel », me répond on, en me citant un nom qui appartenait évidemment à un membre d'une des douze tribus, mais qui ne s'accompagnait, pour moi, d'aucune notoriété spéciale. Aussi, devant mon visage qui reste trop froid sans doute et ne semble pas s'associer au deuil général : « En voilà un, ajoute-t-on, qui laisse des regrets. Ah ! c'était un grand philanthrope. » Pour le coup, je m'enquiers, et bientôt je n'ignore rien de la philanthropie du défunt. C'était tous les matins, à son logis, une réunion de ces petits revendeurs qui pullulent à Alger. Il leur remettait le capital indispensable à l'exercice de leur modeste industrie, et, chaque soir, les humbles emprunteurs venaient le rembourser, non sans lui abandonner du reste une bonne part de leur recette. Il prêtait ainsi à 50 ou 60 pour 100 par jour, et, pour tout ses emprunteurs, il n'était autre chose qu'un philanthrope. A tout prendre, leur opinion ne valait-elle pas la mienne ? Mieux que moi peut-être, ils se rendaient compte des conditions et des exigences du crédit qu'on leur ouvrait. En pareille matière, les notions sont nécessairement relatives : tout est une question de milieu.

Dans tous les cas, comment croire que, dans un milieu comme le milieu algérien, on puisse comprendre et s'expliquer toujours les rigueurs de la loi nouvelle ? Aussi, j'en suis bien sûr, les usuriers ne manqueront point de trouver chez leurs emprunteurs toutes les facilités désirables pour éluder les prohibitions qu'elle édicte. Elle a donc les plus grandes chances d'y rester lettre morte, et on ne saurait trop s'en plaindre, puisque, si elle devait s'appliquer d'une façon rigoureuse, elle y tarirait la source de presque tous les prêts. Et qui donc aurait surtout à en souffrir, si ce n'est les emprunteurs eux-mêmes ?

Au reste, l'expérience qu'on va tenter n'est point sans précédent en Algérie. Le 4 novembre 1848, un arrêté du chef du pouvoir exécutif abrogeait l'ordonnance du 7 décembre 1835, et rendait applicables à l'Algérie les peines édictées contre l'usure par les textes alors en vigueur dans la métropole, c'est-à-dire par les articles 3 et 4 de la loi du 3 septembre 1807. Or, il est bien certain que l'arrêté du 4 novembre 1848 n'eut pas, en Algérie, les résultats qu'on en attendait. Dès le 21 novembre 1849, il était rapporté. Le général d'Hautpoul alors ministre de la Guerre, expose nettement les motifs de ce brusque revirement : « L'arrêté du 4 novembre 1848, dit-il dans le rapport qui précède le décret du 21 novembre 1849, a complètement manqué son but ou plutôt a été directement contre son but. Dicté évidemment par l'intention louable de diminuer l'usure, il n'a fait qu'aggraver le mal et rendre sensibles par l'expérience tous les inconvénients attachés à la fixation du taux de l'intérêt par la loi. Aussitôt éludé que rendu, il a donné lieu à une foule d'opérations dans lesquelles l'excédent d'intérêt a été frauduleusement dissimulé ; il a été funeste en éloignant les capitaux, en élevant leur prix que la concurrence tendait à diminuer, en nécessitant des actes simulés qui multipliaient les frais.... »

Il est à présumer que les résultats de la loi du 3 avril 1898 ne seront pas sensiblement différents de ceux de l'arrêté du 4 novembre 1848. Aussi s'explique-t-on fort bien que, consultées sur la promulgation de la loi contre l'usure, la presque totalité des Chambres de commerce de l'Algérie s'y soient montrées hostiles.

Le régime de la liberté du taux de l'intérêt a des inconvénients, sans doute. Il semble cependant le seul qui convienne aux pays neufs, puisqu'il est le seul qui y assure la circulation des capitaux. Seul, il est capable de les y attirer, car seul il permet de leur offrir des avantages exactement proportionnés aux risques qu'ils y courent à raison de la situation mal assurée et souvent précaire des emprunteurs.

Je ne suis pas de ceux, du reste, qui voient dans la loi du 3 avril 1898 une réforme susceptible d'enlever le bénéfice de cette liberté à tous les financiers véreux qui ont coutume d'en user et même d'en abuser. Assurément, cette loi écartera de l'Algérie les capitalistes désireux de placements rémunérateurs et sachant accepter les risques des entreprises nouvelles. On ne verra plus, comme par le passé, de ces prêts stipulant ouvertement des intérêts de 10, 15 et même 20 pour cent. Ce ne sera pas peut-être pour le plus grand bien de l'Algérie. Quant aux professionnels de l'usure, ils y continueront leur lucrative industrie, en se jouant des prohibitions de la loi. Celles-ci ne sont point faites pour les effrayer. Quand on voudra sérieusement pourchasser les usuriers, il faudra s'en prendre aux causes qui engendrent l'usure ; il faudra s'efforcer surtout de modifier et d'améliorer la situation économique fâcheuse dont l'usure est l'indice. Le remède ne sera plus aussi simple que de voter et de promulguer des textes comme ceux dont la loi du 3 avril 1898 a doté l'Algérie

Les délégations financières

Algériennes

Dans peu de jours, les premières délégations algériennes seront constituées. On sait en quoi consiste cette institution nouvelle que M. Laferrière a apportée à l'Algérie comme don de joyeux avènement. Il s'agit là de trois assemblées électives, chargées de représenter les différentes catégories de contribuables algériens, et appelées à délibérer sur toutes les questions d'impôts ou de taxes assimilées concernant les contribuables qu'elles ont mission de représenter.

Comprenant vingt-quatre membres, la première est élue par les colons, au suffrage direct et universel, à raison de huit par département. Chacun des trois départements algériens se trouve donc, de ce fait, divisé en huit circonscriptions dans lesquelles figurent, comme électeurs, tous les concessionnaires ou propriétaires de biens ruraux, ainsi que les chefs d'exploitation ou fermiers de ces biens, pourvu qu'ils soient inscrits sur les listes électorales d'une des communes de la circonscription, qu'ils aient 25 ans accomplis, soient français depuis 12 ans, et, depuis trois ans au moins, résident en Algérie.

La seconde délégation se compose également de vingt-quatre membres. Elle est élue dans les mêmes conditions que la précédente par les contribuables autres que les colons, c'est-à-dire par tous ceux qui, à un titre autre que celui de propriétaire ou de fermier d'un bien rural, figurent au rôle d'une des contributions directes ou des taxes assimilées. Pour cette deuxième catégorie de contribuables, l'électorat se trouve d'ailleurs soumis aux conditions d'inscription, d'âge, de nationalité et de résidence qui sont exigées des colons. Ces conditions, d'ailleurs si simples, n'en suffisent pas moins à réduire de près des deux tiers le corps électoral ordinaire.

Quant à la troisième délégation, elle comprend vingt et un indigènes musulmans. Neuf d'entre eux sont appelés à représenter les populations indigènes des territoires civils de l'Algérie. A raison de trois par département, ils sont nommés par les indigènes figurant dans les conseils municipaux des communes de plein exercice ou dans les commissions municipales des communes mixtes. Six autres délégués représentent les indigènes des territoires de commandement. A raison de deux par département, ces délégués sont choisis par le gouverneur général sur une liste de six candidats désignés, dans chaque département, par le général de division. Enfin six délégués, élus par les chefs de ces groupes qu'on désigne en Kabylie sous le nom de *Kharouba,* sont appelés à se faire les interprètes des populations Kabyles.

A chacune de ces délégations, le décret du 23 août 1898 confère des attributions identiques. Conservant une individualité distincte et siégeant séparément, chacune d'elles est appelée à délibérer sur toutes les questions relatives aux impôts ou taxes qui concernent la catégorie de contribuables qu'elle représente. Des avis à donner ou des vœux à émettre soit sur l'assiette, le taux ou le mode de recouvrement des impôts, soit sur les réformes dont ces impôts paraissent susceptibles, soit même sur les différentes questions d'ordre économique ou financier sur lesquelles elles seraient consultées, tel est le rôle commun qui incombe aux trois délégations et dans lequel les confine l'article 8 de leur décret organique. C'est seulement à titre exceptionnel que, par arrêté, le gouverneur général peut autoriser la réunion des trois délégations, en spécifiant du reste les questions d'intérêt commun qui devront faire l'objet de leurs délibérations. Enfin, et pour être complet sur les attributions dévolues aux délégations, il convient de mentionner la part considérable qu'elles sont appelées à prendre dans les délibérations du conseil supérieur de l'Algérie. Elles y seront, en effet, représentées par seize délégués, six pour chacune des deux premières délégations, quatre pour la délégation indigène, et ces seize délégués y siégeront au même titre et avec les mêmes attributions que les délégués des conseils généraux, qui, dans l'organisation précédente, y représentaient seuls l'élément électif, et qui, dans l'organisation nouvelle. continueront à y venir comme par le passé, à raison de cinq par département. Ce sont donc trente et un membres élus, quinze par les conseils généraux, seize par les délégations financières qui, dans le nouveau conseil supérieur, viendront siéger à côté du gouverneur général et des chefs des différentes administrations algériennes. Ainsi ce n'est pas seulement par des avis et des vœux que les délégations financières pourront agir sur les décisions du conseil supérieur, mais aussi par la part active que leurs représentants seront appelés à prendre aux délibérations de ce conseil.

Telle est, dans ses grandes lignes, l'institution nouvelle qui va bientôt fonctionner en Algérie. Jusqu'ici, il ne semble pas qu'on l'y ait accueillie avec faveur. On lui a reproché sa complexité même. Les discussions isolées qu'elle implique sur des questions qui comportent nécessairement des vues d'ensemble, semblent d'avance condamnées à rester stériles. Quel régime fiscal fonder sur des avis et des vœux presque fatalement disparates, parfois même contradictoires? D'ailleurs, avec son rôle limité et rigoureusement défini, l'institution nouvelle ne vient-elle pas faire double emploi avec des institutions déjà existantes? Est-ce que les conseils généraux, par exemple, n'ont pas, en matière fiscale, un rôle consultatif analogue à celui dont les délégations sont investies? Le conseil supérieur de l'Algérie lui-même n'a-t-il pas déjà toute compétence pour se prononcer sur toutes les questions dont pourront être saisies les délégations? Amoureux de clarté et de simplicité, comme tout public français, le public algérien eût préféré, semble-t-il, qu'on se bornât à renforcer l'élément électif du Conseil Supérieur de l'Algérie et qu'on le dotât de toutes les attributions conférées aux délégations.

Assurément, je suis loin de prétendre que tout soit

parfait dans l'institution nouvelle dont l'Algérie va être appelée à faire l'expérience. Son fonctionnement même révèlera sans doute certaines défectuosités, plus ou moins graves, auxquelles il faudra remédier. On aurait plutôt à s'étonner du contraire, car les institutions de ce genre revêtent rarement, du premier coup, leur forme définitive et, en ce qui les concerne, les vues de l'esprit le plus sagace ne vaudront jamais les enseignements de la pratique. L'institution est donc perfectible, et elle sera perfectionnée. D'excellents esprits n'hésitent pas à y voir le premier embryon d'une Chambre des délégués, véritable parlement colonial, appelé à discuter et à voter le budget de l'Algérie au même titre que le Parlement français discute et vote le budget de la France !

Que tel soit l'avenir possible et même probable des délégations financières, j'y croirais volontiers. Dans tous les cas, avant d'y arriver, l'institution aura sans doute plus d'un remaniement à subir.

Mais ce qu'on ne saurait trop hautement proclamer, c'est que les délégations peuvent dès maintenant prendre une influence bienfaisante autant que décisive sur les destinées de l'Algérie. Telles quelles, en effet, elles constituent le plus louable effort qu'un gouverneur ait pu tenter pour arracher ce pays aux luttes stériles de la politique. Des émeutes sanglantes, des élections qui se font sans autre programme qu'un cri de guerre, des mœurs électorales presque indignes d'un pays civilisé, tel est le triste bilan qui peut résumer l'œuvre des politiciens en Algérie. Grâce aux agitations que suscitent et entretiennent leurs rivalités et leurs querelles, la France peut croire les populations algériennes mûres pour les pires excès de luttes religieuses et sociales. Mais, on ne saurait trop le répéter, derrière cette Algérie, si débordante de passions et de haines violentes qu'incarnent les politiciens et qui est bien leur œuvre, il y a une Algérie tout autre dont, jusqu'à présent, la voix n'a pu se faire entendre. Quand on connaît ce pays, quand on voit les créations admirables qui, en quelques années à peine, l'ont transformé et y ont déjà si profondément marqué l'empreinte du génie français, c'est vraiment de l'indignation qu'on éprouve contre ceux qui en ont compromis le bon renom et permis de mettre en doute l'excellence de la tâche utile et féconde qui s'y est poursuivie.

C'est cette Algérie, juqu'ici muette, qui est appelée à réhabiliter l'autre. Elle a désormais ses organes. A elle de s'en servir. Les hommes ne lui manqueront pas, car ils sont nombreux ceux dont les difficultés inhérentes aux entreprises tentées dans un pays neuf, ont stimulé l'initiative et décuplé l'énergie. Avec un corps électoral comme celui qui est appelé à désigner leurs membres, les délégations financières ont grande chance de grouper dans leur sein une véritable élite d'hommes de savoir et d'expérience. Aussi peut-on espérer qu'elle sera dignement représentée par elles, cette Algérie forte et laborieuse qui, depuis de longues années, souffre et pâtit des rivalités, des rancunes et des luttes que la politique y a déchaînées. Ce sera l'honneur de M. Laferrière que d'avoir doté cette Algérie qu'on ignore, d'interprètes officiellement chargés de parler en son nom, de traduire et de formuler ses aspirations et ses vœux. Cela reposera, j'en suis certain, de cette Algérie turbulente et toute de surface, dans laquelle les héros et les comparses de la politique continueront peut-être leurs agitations factices autant qu'intéressées, mais sans que leurs clameurs puissent étouffer désormais les voix autorisées, qui ne manqueront pas de se faire entendre, et qu'on saura écouter dès qu'il s'agira des besoins essentiels et des intérêts vitaux du pays.

TABLE DES MATIÈRES

Pages.

Laval. — Imprimerie parisienne L. BARNÉOUD & Cie.

www.ingramcontent.com/pod-product-compliance
Ingram Content Group UK Ltd.
Pitfield, Milton Keynes, MK11 3LW, UK
UKHW021854190726
13855UKWH00001B/308

9 782013 422383